证券投资分析实验指导书

ZHENGQUAN TOUZI FENXI SHIYAN ZHIDAOSHU

刘赟鋆　邵红梅　编著

图书在版编目(CIP)数据

证券投资分析实验指导书/刘赟鋆,邵红梅编著.—武汉:中国地质大学出版社,2019.5
ISBN 978-7-5625-4544-6

Ⅰ.①证⋯
Ⅱ.①刘⋯②邵⋯
Ⅲ.①证券投资-投资分析-实验-教材
Ⅳ.①F830.91-33

中国版本图书馆 CIP 数据核字(2019)第 086270 号

证券投资分析实验指导书		刘赟鋆　邵红梅　**编著**
责任编辑:韦有福	策划编辑:段连秀	责任校对:周　旭

出版发行:中国地质大学出版社(武汉市洪山区鲁磨路388号)		邮政编码:430074
电话:(027)67883511	传真:(027)67883580	E-mail:cbb@cug.edu.cn
经销:全国新华书店		http://cugp.cug.edu.cn
开本:787 毫米×1 092 毫米 1/16	字数:151 千字	印张:6
版次:2019 年 5 月第 1 版	印次:2019 年 5 月第 1 次印刷
印刷:湖北睿智印务有限公司	印数:1—1000 册
ISBN 978-7-5625-4544-6		定价:20.00 元

如有印装质量问题请与印刷厂联系调换

目 录

第一章 证券投资实验基础 ·· (1)

　一、做好相关的资料准备 ·· (1)

　二、学会运用证券投资交易系统 ·· (2)

　三、完成相应的课程理论知识的学习 ····································· (2)

第二章 证券投资交易系统 ·· (3)

　第一节 证券投资平台与交易系统介绍 ····································· (3)

　　一、东方财富通 ·· (3)

　　二、通达信系统 ·· (4)

　　三、大智慧 ··· (6)

　　四、同花顺 ··· (6)

　　五、财经门户网站 ··· (7)

　　六、股票信息网站 ··· (8)

　第二节 证券投资系统使用 ··· (8)

　　一、下载和安装 ·· (8)

　　二、注册和登录 ·· (10)

　　三、证券投资系统基本功能的使用 ····································· (11)

第三章 证券模拟投资的操作指南 ··· (29)

　第一节 技术分析 ·· (29)

　　一、技术指标分析实验内容 ··· (29)

　　二、运用技术指标研判市场的步骤 ····································· (29)

　　三、K线图 ··· (29)

　　四、量价理论 ·· (31)

　　五、技术指标法 ·· (33)

　　六、常用技术指标 ··· (36)

I

七、常用指标的切换 …………………………………………………………………… (45)
　　八、模拟实验 …………………………………………………………………………… (45)
　第二节　基本面分析 ………………………………………………………………………… (49)
　　一、实验导读 …………………………………………………………………………… (49)
　　二、实验步骤 …………………………………………………………………………… (49)
　　三、宏观经济分析 ……………………………………………………………………… (49)
　　四、行业分析 …………………………………………………………………………… (52)
　　五、实验内容 …………………………………………………………………………… (54)
　第三节　个股的详细信息 …………………………………………………………………… (57)
　　一、查看个股详细信息 ………………………………………………………………… (57)
　　二、公司财务分析 ……………………………………………………………………… (61)
　　三、实验内容 …………………………………………………………………………… (63)
　第四节　如何看股选股 ……………………………………………………………………… (68)
　　一、如何看股 …………………………………………………………………………… (68)
　　二、条件选股 …………………………………………………………………………… (69)
　　三、高级选股 …………………………………………………………………………… (73)
　　四、个股预警 …………………………………………………………………………… (74)
　第五节　模拟交易 …………………………………………………………………………… (77)
　　一、模拟交易细则 ……………………………………………………………………… (77)
　　二、开户及界面信息 …………………………………………………………………… (78)
　　三、买卖股票 …………………………………………………………………………… (78)
　　四、委托撤单 …………………………………………………………………………… (79)
　　五、卖出功能 …………………………………………………………………………… (80)
　　六、模拟实验 …………………………………………………………………………… (82)

第四章　证券投资分析实验总结 …………………………………………………………… (83)

　第一节　实验情况汇总 ……………………………………………………………………… (83)
　第二节　实验报告撰写要求格式与内容 …………………………………………………… (85)

主要参考文献 ………………………………………………………………………………… (90)

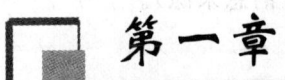

证券投资实验基础

证券投资实验是证券投资分析课程学习的重要内容,也是一个理论与实践相结合的教学环节。我们在帮助同学们学习证券投资分析课程专业知识的过程中,需要与具体的证券市场投资实务结合起来。

我们通过学习证券市场的基础知识,借助证券投资平台和证券投资分析交易系统,从证券市场的证券投资环境和投资操作环节,准确地认识和了解证券市场的投资。

一、做好相关的资料准备

1. 培养良好的学习习惯

注意搜集信息(宏观经济政策、产业政策、地方政策、证券市场相关政策、上市公司信息公告)。

培养良好的信息收集习惯,强调积累的重要性,关注以下信息:

(1)财经类网站(如新浪财经、中财网、东方财富网、两大交易所网站)。

(2)报刊、杂志(如动态分析、证券市场周刊)。

(3)旅游。

(4)朋友聚会(多交朋友,特别是经济决策部门、银行)。

(5)消费经历等。

2. 学会借用外脑,重点是读懂相关的专业研究报告

(1)各个证券公司和投资分析研究机构的研究报告的财富效应。

(2)重要的是明白报告背后的逻辑。

(3)分析研究报告的价值在哪里。

(4)重点阅读:宏观报告、策略报告、行业报告、深度报告、调研报告。

(5)有机会看到具体的研究报告详文就更好!

3. 如何正确看待各种"消息"

消息在证券市场的影响非常大,必须准确把握信息来源与效用。

(1)消息的渠道非常重要,好的消息渠道是成功投资的基础(消息来源)。

(2)消息的类型:重组、资产注入、预增、高送转等。

(3)消息来时股票所处在的价位、部位(拉升途中、底部、大波段涨势末端)、对照消息出来前后股票的走势、大盘的走势。

(4)消息所处在的大盘时点,如牛市、熊市。

4. 建立良好的投资准备工作

(1)运用消息也要结合"趋势",顺势而为,把握消息为最佳选择。

(2)对于投资行为采取逆势操作要特别小心。

(3)消息有时候会"害死"你,所以不要一味迷信消息,更不要穷追消息来源。

(4)止损有时也是必然的选择。

(5)规避相关的监管。

二、学会运用证券投资交易系统

本书重点选择东方财富通、通达信、大智慧、同花顺等交易系统,分别介绍了它们相关的系统特点(详见第二章)。

三、完成相应的课程理论知识的学习

证券投资分析课程的理论教学与课堂学习是实验的基础。

第二章

证券投资交易系统

第一节 证券投资平台与交易系统介绍

目前,我国证券投资的交易软件系统非常丰富,譬如,东方财富通、通达信、大智慧、同花顺等。下面我们结合各个软件系统,简单介绍它们各自的系统特点。

一、东方财富通

东方财富是东方财富公司基于自身的网络平台,最新研发的证券投资分析和交易的软件系统。同时,附带一款免费证券模拟投资的交易软件,又叫"东方财富通"。

东方财富通是一个比较方便的平台和交易系统。具有如下 10 个功能。

1. 自选股一站式服务

自选股设置在网站、PC 和手机端完全同步,让您随时随地都能轻松查看、管理自选股。

2. DDE 决策

DDE 决策系统是引入目前先进的"云计算"技术,实时整合沪深 Level-2 高速行情的委托、成交等多项数据,对海量运算和智能统计构建决策系统。DDE 决策系统能解释真实交易的本质,帮助投资者有效地把握主力的运作方向。

3. 资金博弈

东方财富通在 DDE 数据的基础上,在个股 K 线图下面增加资金博弈指标,将个股资金流分为超级资金、大户资金、中户资金和散户资金 4 个部分。分类并累计计算出这 4 类资金买卖力度和买卖方向,在同一界面下进行展示,方便投资者看出股票的主力类型及买卖的方向。

4. 滚动财经资讯

东方财富通资源优势强,提供 24 小时不间断滚动的及时新闻,帮助投资者了解最新的市场动态。

5. 行情数据全面

东方财富通拓展了各类市场行情的深度和广度,提供了包括全球指数、香港市场、商品期货、外汇牌价在内的各类市场和产品行情,率先为投资者免费提供股指期货实时行情。

6. 资金流向排名

东方财富通的 Level-2 资金流向排名系统采用最先进的"云计算"技术,实时采集上交所、深交所的 Level-2 高速行情数据,通过服务器集群的海量运算,精确分析大单的交易瞬时流向和单数差关系,利用还原算法揭示市场大单的流向。投资者可以从资金排名系统中 3 日、5 日、10 日的排名顺序及股价变化中,清晰地观察手中个股的主力资金流向趋势。

7. F9 深度资料

东方财富通自动化收集、整理个股的公告和资讯,系统化统计和展示相关信息,以方便投资者获取深度资料。

8. 东方财富 F10

东方财富 F10 采用全新的图文并茂的表现形式,从操盘必读、财务分析、股东研究、盈利预测等 14 个子栏目为投资者全方位解读上市公司的具体信息资料,其中不仅包含了沪、深两市个股最新的定期报告披露的数据,更通过深入剖析财务、股东、分红、公告、研报等数据,展示给投资者更多、更深入的公司信息。

9. 高级选股

高级选股功能提供了多种条件和预设方案,便于筛选出符合投资者要求的股票,减少盲目搜索。

10. 全景盯盘界面

全景图使投资者在同一界面下可以一眼看到两市走势、领涨板块、活跃个股、期货行情、外盘行情,同时也不放过自选股的实时价格变动和最新财经资讯。

目前,这个平台和交易系统已经在国内主要的大机构和证券公司中被使用。

二、通达信系统

通达信是由深圳市财富趋势科技有限责任公司研发,2002 年进入网上交易领域,至今已有十几年的发展历史,成功完成了多家券商总部级的网上交易系统承建、维护工作。从南方证券超强版开始,通达信一直是网上交易系统业务创新和技术性能指标领先的软件供应商。目前,市场影响力最大的 70 多家券商(如银河、国信、招商、中信、国泰君安、中信建投等)都采用了通达信的网上交易行情系统。

通达信是目前大多券商使用的平台和交易系统。它具有如下 8 个功能。

1. 版面定制

投资者可以按照自己的需要,将软件的分析界面任意设置成多个分析窗口,让投资者可以在同一个版面上查看更多的信息,将定制好的版面保存、导出或导入,也可以和其他的投资者交流定制的版面。

2. 移动筹码,精确分布

移动筹码分布帮助投资者站在庄家的角度,尽览多空双方的牌局,明确筹码以怎样的数量和价格分布在哪些股东手中,尤其是关注持股集中的机构,从而判断股票行情性质和趋势,预测涨升时机。

3. 交易系统,五彩 K 线

通过交易系统指示,可以在 K 线图上标出醒目的买入卖出信号,从而更好地分析某只股票的历史规律,以预测未来。自动识别各种典型的 K 线组合,特定的 K 线模式往往有非常准确的指示作用,系统提供许多种常用五彩 K 线公式,当选中某一模式后,系统自动在 K 线图上将属于该模式的 K 线标出来,一目了然。另外,系统还支持最高或最低点指示。

4. 智能选股,筛选黑马

智能选股器可以提供条件选股、定制选股、智能选股、插件选股和综合选股 5 种选股模式,无论从技术面还是基本面,都能快速地选出投资者心仪的股票。

5. 指标全面

高速行情软件囊括了各种经典和流行的技术分析指标、工具和方法,且不乏独创性的分析技术研究成果。各种分析方法极其灵活、方便,可以恣意发挥、痛快使用。

6. 数据维护,简单快捷

操作者在系统内进行补取数据、整理清理数据等操作。当天数据的盘后转档可以方便地进行收盘。选股和测试数据不够时,系统会自动提示。

7. 信息地雷

只要在盘中出现重要市场评论、公告信息及预测、买卖参考等内容,都会在相应的分时走势图上出现地雷标志。

8. 多股同列,纵观全局

将屏幕等分成小窗,每个小窗显示一只股票的价量走势,可以同时观察多只股票

（最多可同时观察16只股票）。支持多个股票的走势图同列和分析图同列。多走势图同列与多分析图同列可用"F5"一键切换。

三、大智慧

大智慧软件是用于接收证券行情和证券信息，并进行基本分析和技术分析的证券信息平台。大智慧软件作为一款行情分析软件，它具有以下4个功能特点。

1. 使用简单、方便

大智慧操作界面简洁友好、使用方便，且自身不需要进行特别的维护。除了可以使用常规菜单操作外，还有丰富的快捷键功能，为投资者提供快速操作的功能。

2. 强大的功能

大智慧软件本身预设了上百个技术指标，而且在此基础上还附加了条件选股和交易系统指标公式。如果这些不能满足投资者的需求，还可以编辑使用自己设计的公式指标。此外该软件还提供了星空图、散户图、龙虎看盘等高级分析功能。

3. 咨询顾问

大智慧软件还提供了财经新闻、专家评论、预测买卖等特色咨询信息，它对投资决策有着重要的参考意义。

4. 系统稳定

在股市投资活动过程中，时间就是金钱，作为网络客户端软件，稳定和快速是最重要的。大智慧软件有着多年的运营经验，在程序的稳定性和数据的接收速度上都比较完善。

四、同花顺

目前同花顺证券投资软件是一套证券市场上比较完善的网上交易实时行情分析系统。它可以为投资者提供基本的沪深证券行情，而且还提供了外汇、港股、期货等众多市场行情，是国内目前功能强大的股票分析与交易软件之一。它具有操作简单、使用快捷，免费提供智能选股、技术选股，资讯即时全面等优点。它也是证券投资者的必备交易系统和分析软件。譬如，海通证券、中国银河证券、国泰君安证券、招商证券、中信证券、光大证券等均在使用这个软件系统。

同花顺证券投资软件具有以下几个功能和特点。

1. 资讯全面，形式多样

同花顺软件是一个强大的资讯平台，能为投资者提供文本、超文本、信息地雷、财务图示、紧急公告、滚动信息等多种形式的资讯信息,还能同时提供多种不同的资讯产品。

2. 指标丰富,即编即用

同花顺软件预置了近两百个经典技术指标,并且为了满足一些高级投资者的需求,还提供了指标、公式编辑器,即随意编写、修改各种公式、指标、选股条件、即时预警条件等。

3. 页面组合,全面观察

同花顺软件提供了大量的组合页面,将行情、资讯、图表、技术分析与财务数据有机组合,使投资者可以多角度、全方位地进行观察、分析,以捕捉最佳交易时机。

4. 财务图示,一目了然

同花顺软件将各种复杂的财务数据通过图形和表格的形式表达出来,使上市公司的经营绩效清晰地展示在投资者的面前,并可以在上市公司之间、板块之间作各种比较、计算,还配以丰富的说明,让以前没有财务分析经验的投资者轻松地掌握这种新的强大的工具。

五、财经门户网站

1. 中国证券网(http://www.cnstock.com/)

它是中国最早从事财经信息网络传播的专业性网站之一,是《上海证券报》的网上窗口,是《上海证券报》平面媒体在网络上的延伸,依托新华社和《上海证券报》强大的报道力量,中国证券网已成为最受股民喜爱的综合类财经网站之一。

2. 中国财经信息网(http://www.cfi.net.cn/)

它是专业的网络财经传媒网站,24小时提供全面、及时的财经新闻、数据、统计报表、财经分析软件等。其内容划分为财经、资本、理财、产经、地产、股票、基金、期货和外汇等多个模块。

3. 中国经济网(http://www.ce.cn/)

它是国家重点新闻网站中唯一以经济报道为中心的综合新闻网站,每日采写大量经济新闻,同时整合国内主要媒体经济新闻及信息,为政府部门、企业决策提供权威的参考依据,为所有关注经济生活的网络提供丰富及时的经济新闻。

4. 第一财网(https://www.yicai.com/)

它是第一财经旗下专业财经新闻网站,承载《第一财经日报》《第一财经频道》《第一财经频率》等全媒体形态内容,以社会互动为特色,应用多媒体手段全方位呈现各种财经信息。

六、股票信息网站

1. 股海网(http://www.guhai.com.cn/)

它是中国最具影响力的互动式财经视频媒体之一,是股票资讯的交流平台,提供全方位的综合财经新闻和金融市场资讯,覆盖股票、财经、证券、金融、港股、股市行情和基金等。

2. 中国国际期货(http://www.szcifco.com/)

它是中国成立最早、规模最大、营运最规范的大型期货公司之一,也是具有较大影响力的国际期货门户网站。

3. 中国期货网(http://www.qhdb.cn/)

依托于《期货日报》,是发布商品期货、股指期货和金融期货信息的资讯平台。

4. 中国基金网(http://www.cnfund.cn/)

它是首选的基金行业垂直门户网站之一,提供及时、准确、专业而全面的开放式基金、封闭式基金资讯信息,为基金投资者提供专业、便捷和全面的理财资讯服务。

第二节 证券投资系统使用

我们选择东方财富网的交易软件,因为中国地质大学(武汉)与开发该软件的东方财富集团公司是有效的合作伙伴。该系统可以为同学们实验和模拟投资提供免费注册使用,也是中国地质大学(武汉)开设证券投资分析课程和相关金融实验选用的证券投资分析交易软件,进行具体的实验教学平台。

下面详细介绍东方财富客户端软件的下载、安装、注册和使用过程。

一、下载和安装

第一步,百度搜索东方财富网,在官网界面找到东方财富电脑版,点击"下载"(图2-1)。

第二步,下载完成后,弹出安装向导对话框,在对话框更改文件安装路径,改为D盘或其他文件位置,或直接点击"立即安装"(图2-2)。

第三步,单击"立即安装"按钮,安装完毕后,出现如图2-3所示界面。

第四步,单击"立即体验"按钮,即可启动"东方财富终端"页面(图2-4)。

第二章 证券投资交易系统

图 2-1 东方财富客户端下载

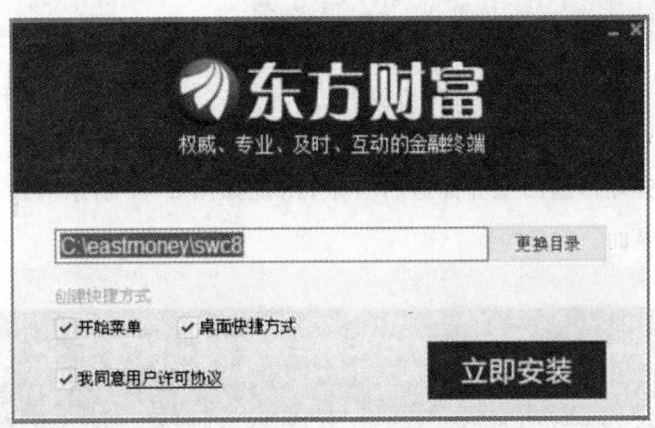

图 2-2 安装向导

图 2-3 安装完毕

图 2-4 启动客户端

二、注册和登录

注册：下载完成后，双击桌面图标，将显示如图2-5所示的提示界面，点击"注册"，进行手机注册（图2-6）。

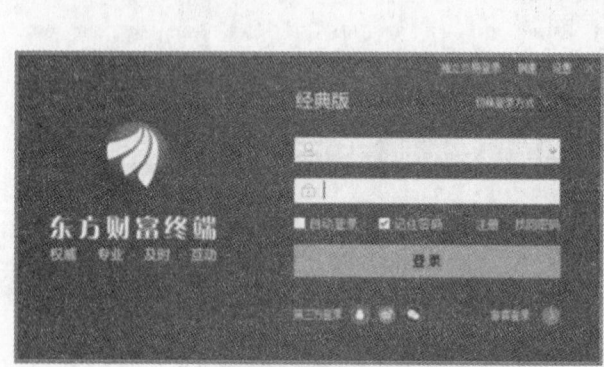 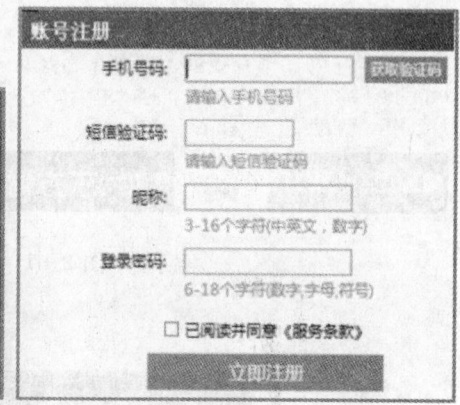

图2-5 东方财富客户端注册图　　　　图2-6 东方财富客户端注册

登录：注册完毕后，返回主界面进行登录，出现如图2-7所示界面——东方财富客户端交易软件主界面。

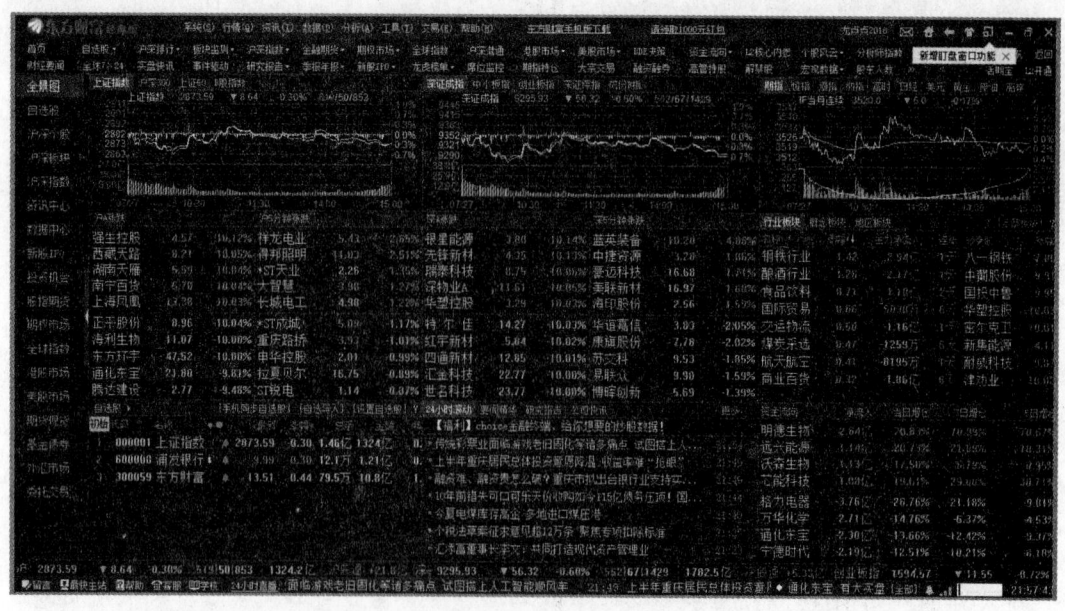

图2-7 东方财富证券交易软件主界面

三、证券投资系统基本功能的使用

该证券投资交易系统具备大盘分析、条件选股、个股分析、查看个股资料、委托交易、查看股票、权证、基金、外汇、港股、期货及全球重要估值行情等基本功能。

以下就东方财富客户端的基本功能及其操作使用进行介绍。

(一)运行界面

将东方财富终端软件安装设置好以后,接下来就可以开始使用该软件进行股票分析。本节介绍东方财富终端软件的运行界面。

1. 菜单栏

东方财富客户端软件中共提供了 8 个下拉菜单,分别是:系统、行情、资讯、数据、分析、工具、交易和帮助(图 2-7)。单击菜单名即可弹出与之对应的下拉菜单,然后在下拉菜单中选择命令去执行。

例如,要执行"交易"菜单中的"模拟炒股"命令,可以先用鼠标指向"交易"菜单名并单击弹出下拉菜单,在弹出的下拉菜单中选择"模拟炒股"命令(图 2-8)。

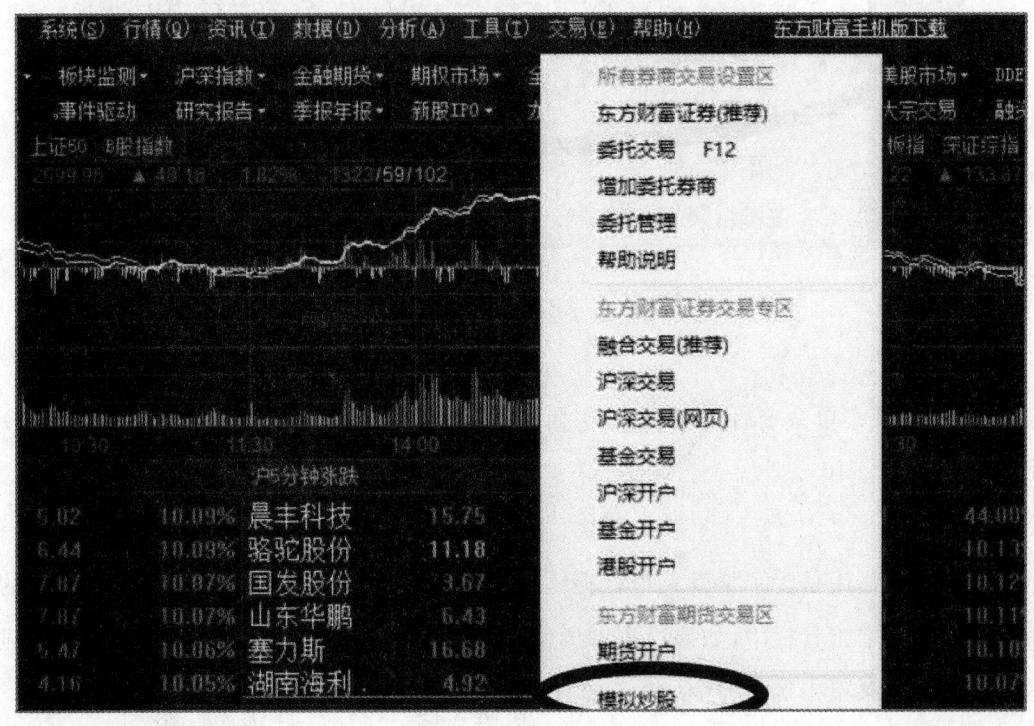

图 2-8 选择命令

在使用菜单时注意以下几种特殊情况。

(1)打开某菜单命令后,若某个菜单命令右侧显示有向右的三角形,表示该菜单项还有子菜单(图2-9)。

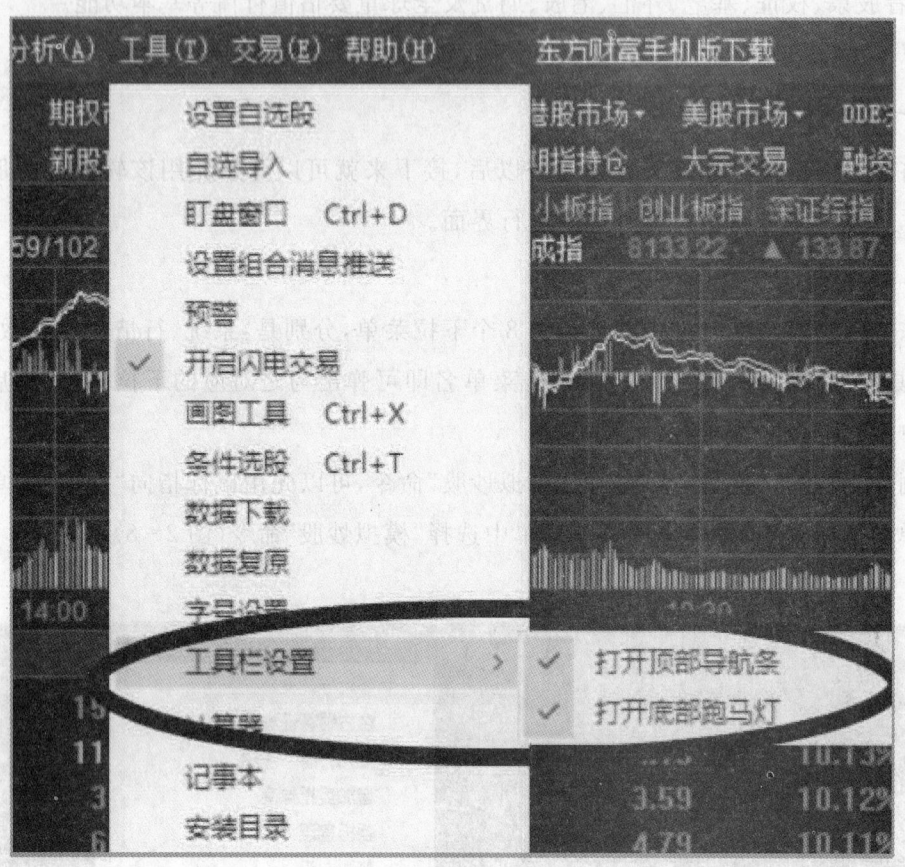

图2-9 打开子菜单图

(2)打开某菜单命令后,若某个菜单名称为灰色,表示在目前的环境中,该菜单命令无法使用(图2-10)。

2. 工具栏

工具栏的作用是为了帮助菜单栏提供方便、快捷的功能命令,它能将下拉菜单中的命令独立显示在工具栏中,如果投资者要使用该命令时,只需要单击工具栏上的文字显示而不用再去菜单中选择命令。

例如,在图2-7所示界面中单击"工具"命令,然后选择"条件选股"命令,而有了工具栏,只需要在工具栏上找到"条件选股"独立分布字样即可。

第二章 证券投资交易系统

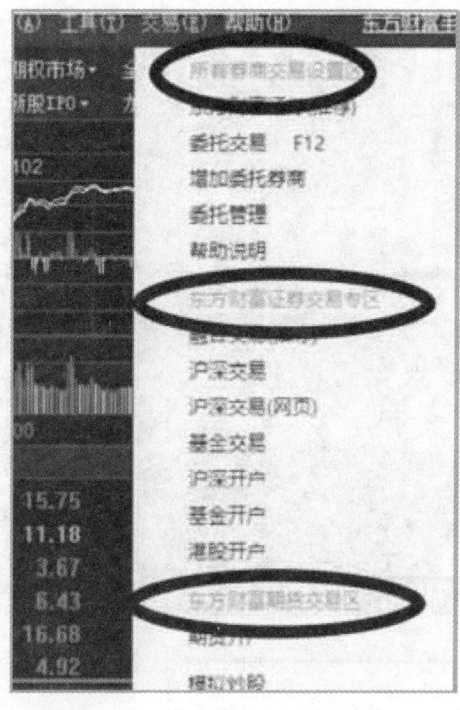

图 2-10 无法使用的菜单命令

东方财富终端的工具栏如图 2-11 所示,该工具栏包括常用的数种命令,单击相应的字样即可调用对应的功能。工具栏部分功能还可通过快捷键调出。

图 2-11 工具栏部分截图

3. 工作区

东方财富终端的工作区与工具栏类似,如图 2-12 所示。工作区中显示了该软件所包括的证券类型,如股指期货、期权市场、全球指数、港股市场、美股市场、期货现货、基金债券、外汇市场和委托交易。

在工作区,单击每个按钮都会在右侧界面显示对应的信息。例如,单击"沪深板块"按钮,就会显示关于沪深两市的股票行情(图 2-13)。

图 2-12 工作区 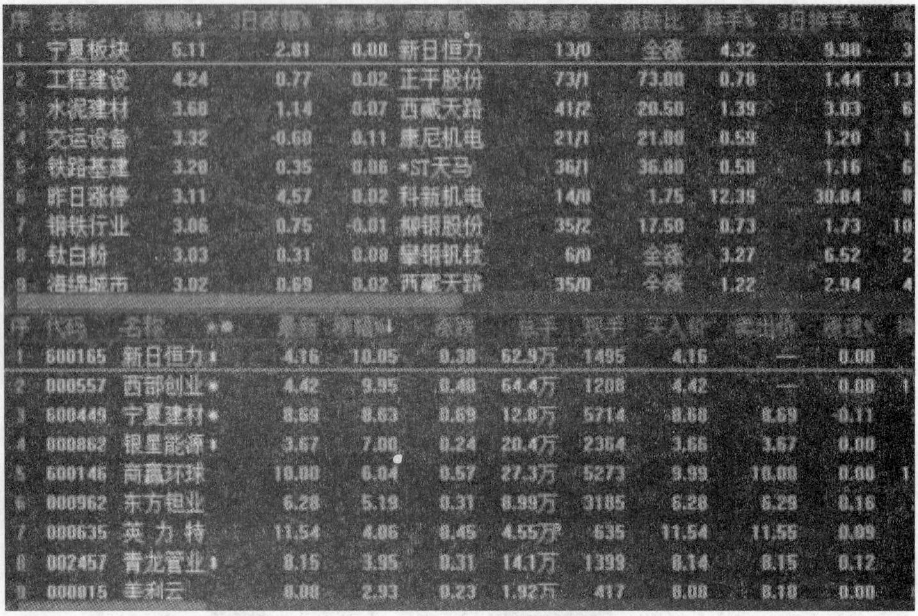　　　　　　　　　　　　图 2-13 查看沪深板块

在工作区单击"全球指数",将显示全球主要的股票指数(图 2-14)。

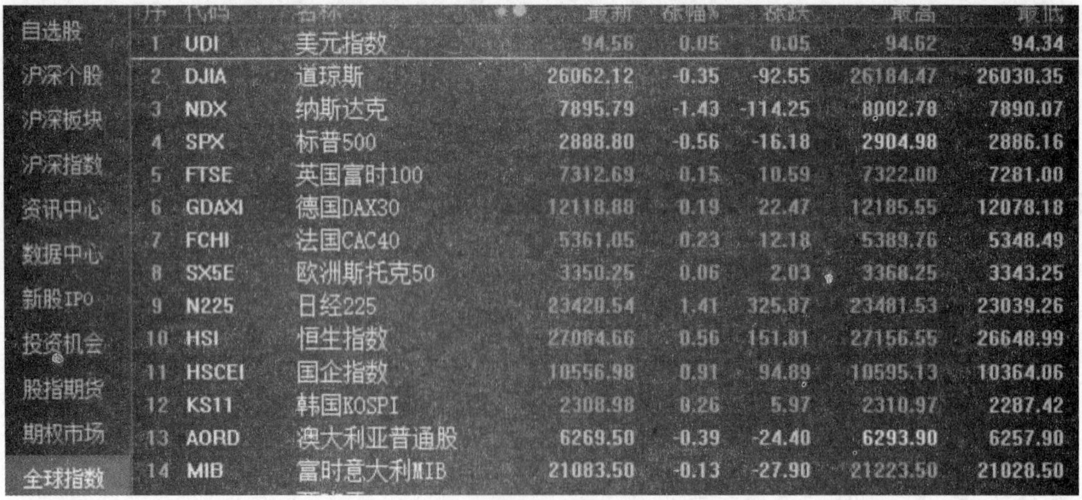

图 2-14 查看全球指数

若要查看基金行情,可在工作区栏中单击"基金债券"按钮,在右侧的子窗口将显示全球的国债基金市场行情(图 2-15)。

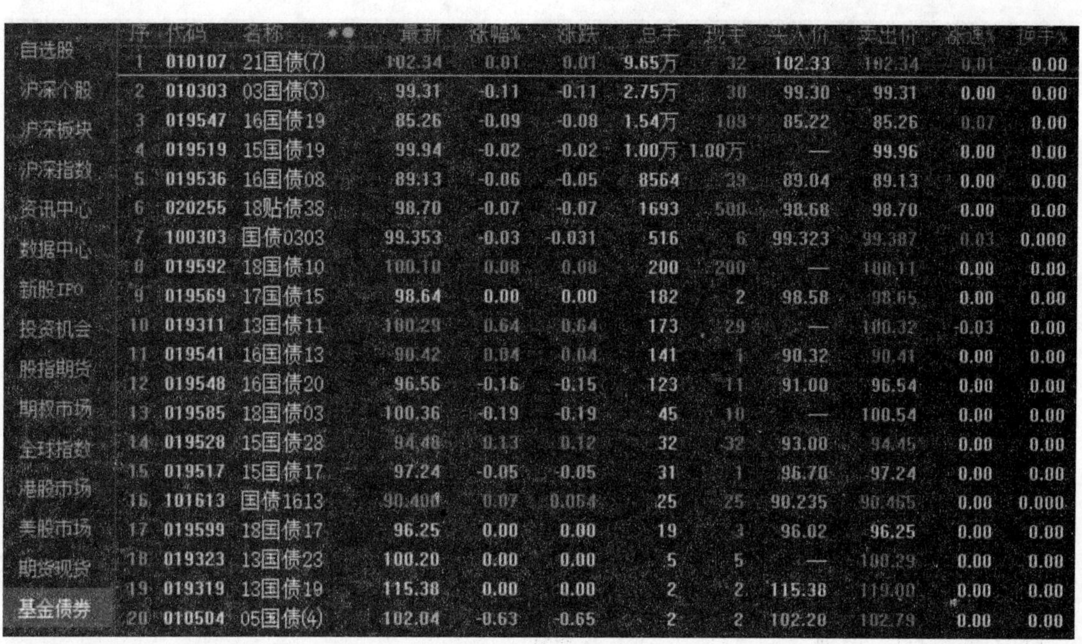

序	代码	名称	最新	涨幅%	涨跌	总手	现手	买入价	卖出价	涨速%	换手%
1	010107	21国债(7)	102.34	0.01	0.01	9.65万	32	102.33	102.34	0.01	0.00
2	010303	03国债(3)	99.31	-0.11	-0.11	2.75万	30	99.30	99.31	0.00	0.00
3	019547	16国债19	85.26	-0.09	-0.08	1.54万	108	85.22	85.26	0.07	0.00
4	019519	15国债19	99.94	-0.02	-0.02	1.00万	1.00万	—	99.96	0.00	0.00
5	019536	16国债08	89.13	-0.06	-0.05	8564	39	89.04	89.13	0.00	0.00
6	020255	18贴债38	98.70	-0.07	-0.07	1693	500	98.68	98.70	0.00	0.00
7	100303	国债0303	99.353	-0.03	-0.031	516	6	99.323	99.387	0.03	0.000
8	019592	18国债10	100.10	0.08	0.08	200	200	—	100.11	0.00	0.00
9	019569	17国债15	98.64	0.00	0.00	182	2	98.58	98.65	0.00	0.00
10	019311	13国债11	100.29	0.64	0.64	173	29	—	100.32	-0.03	0.00
11	019541	16国债13	90.42	0.04	0.04	141	1	90.32	90.41	0.00	0.00
12	019548	16国债20	96.56	-0.16	-0.15	123	11	91.00	96.54	0.00	0.00
13	019585	18国债03	100.36	-0.19	-0.19	45	10	—	100.54	0.00	0.00
14	019528	15国债28	94.48	0.13	0.12	32	32	93.00	94.45	0.00	0.00
15	019517	15国债17	97.24	-0.05	-0.05	31	1	96.70	97.24	0.00	0.00
16	101613	国债1613	90.400	0.07	0.064	25	25	90.235	90.465	0.00	0.000
17	019599	18国债17	96.25	0.00	0.00	19	3	96.02	96.25	0.00	0.00
18	019323	13国债23	100.20	0.00	0.00	5	5	—	100.29	0.00	0.00
19	019319	13国债19	115.38	0.00	0.00	2	2	115.38	119.00	0.00	0.00
20	010504	05国债(4)	102.04	-0.63	-0.65	2	2	102.20	102.79	0.00	0.00

图 2－15　查看基金债券

（二）大盘分析

所谓大盘，就是股票指数的通俗说法。在我国，大盘一般指上证综合指数。上证综合指数是上海交易所于 1991 年 7 月开始编制和公布的，它以 1990 年 12 月 19 日的所有股票（包括 A 股和 B 股，基数为 100）的发行量为权数进行编制。通过大盘可以判断股票的趋势，即就是大多数股票是涨还是跌。如果跟对了趋势，那就很容易盈利。

分时图是大盘和个股的动态实时分时走势图，其在实战研判中的地位极其重要，是及时把握多空力量转化，即市场变化直接根本所在。

1. 打开界面

单击软件首页“分析”菜单项，选择“分时图”命令项，将会出现图 2－16 所示界面，图中所示为大盘分时图。

2. 盘面介绍

具体盘面信息见图 2－17。

图中标注 1（在实际操盘中为白色曲线）表示上证交易所对外公布的通常意义下的大盘指数，也就是加权数。

图中标注 2（在实际操盘中为黄色曲线）是不考虑上市股票发行数量的多少，将所有股票对上证指数的影响等同对待的不含加权数的大盘指数。

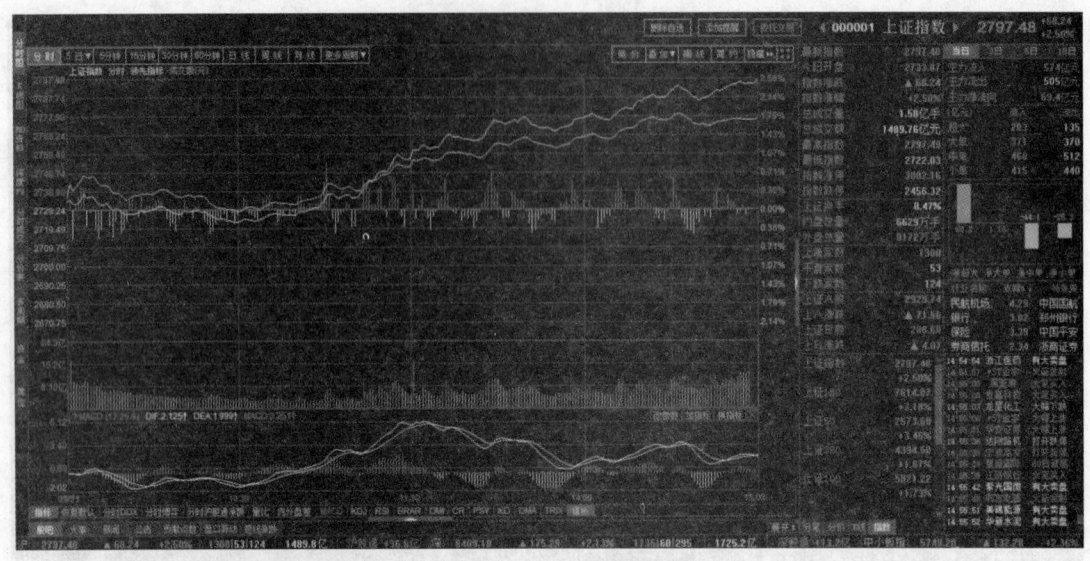

图 2-16 大盘分时图

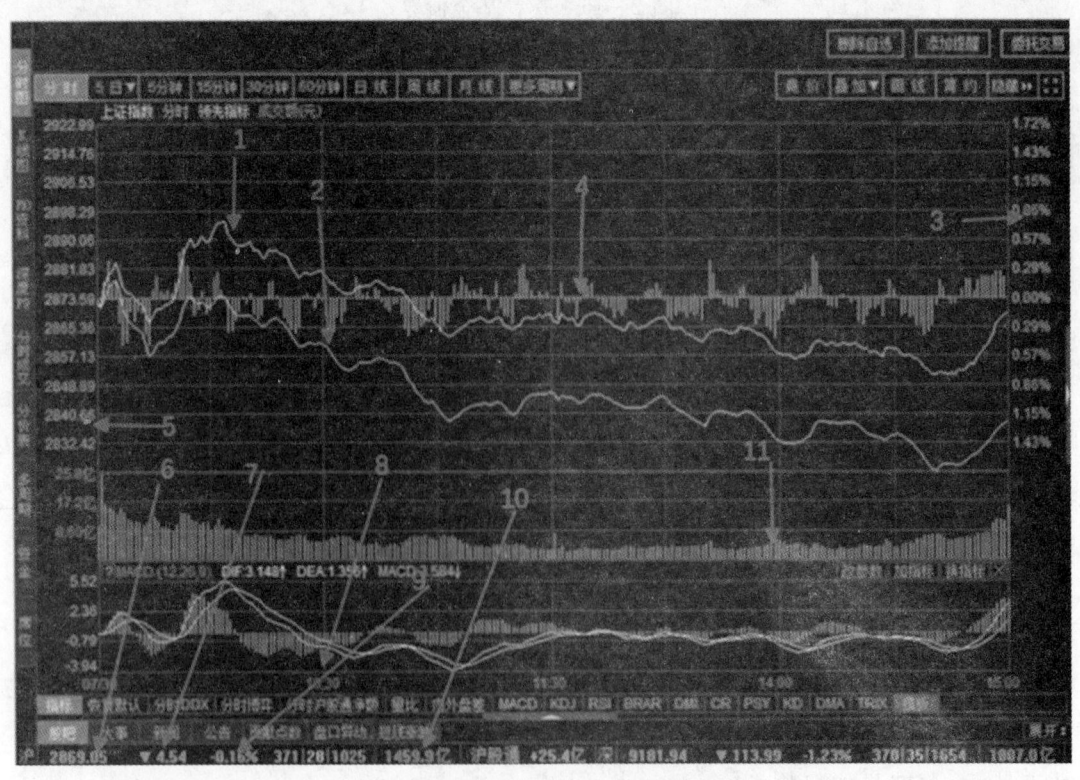

图 2-17 盘面介绍

参考白色曲线和黄色曲线的相对位置关系,可以得到以下信息:当指数上涨,黄色曲线在白色曲线走势之上时,表示发行数量少(盘小)的股票涨幅较大;而当黄色曲线在白色曲线走势之下时,则表示发行数量多(盘大)的股票涨幅较大。当指数下跌时,如果黄色曲线仍然在白色曲线之上,则表示小盘股的跌幅小于大盘股的跌幅;如果白色曲线反居黄色曲线之上,则说明小盘股的跌幅大于大盘股的跌幅。若两条曲线的走向相背离,则说明大盘股和小盘股的行情波动相反。当然,大盘股或小盘股只是一种通俗的说法,并没有明确的区分标准。就目前来看,流通盘在 1 亿股以内的股票都可以归类为小盘股。

图中标注 3 表示坐标系中的涨跌幅度。

图中标注 4 表示上一交易日指数的收盘位置。它是当日大盘上涨和下跌的分界线。它的上方是大盘上涨的区域,下方是大盘下跌的区域。

图中标注 5 表示坐标系中价格的标值。

图中标注 6 表示上证指数当前的股价。

图中标注 7 表示当日大盘涨或跌了多少点。

图中标注 8 表示交易时间。

图中标注 9 表示当日上证指数涨了(或跌了)多少幅度。

图中标注 10 表示当日成交了多少金额。

图中标注 11 表示每一柱状线 11 分钟累计成交量,以手为单位,1 手＝100 股。在实际操盘中是红色、绿色的柱线,它反映当前大盘所有股票的买盘与卖盘的数量对比情况。红柱表示买盘超过了卖盘,红柱越长,说明买盘超过卖盘越多;绿柱表示卖盘超过买盘,绿柱越长,说明卖盘超过买盘越多。

参照红绿柱线的相对形态,可以得出:一般来说,红柱增长,表示买盘大于卖盘的数量增加,指数上升的可能性增大;反过来,绿柱增长,表示卖盘大于买盘的数量在增加,指数下跌的可能性增大。

3. 快捷方式

键盘精灵:03 或 F3 表示上证指数走势,04 或 F4 表示深证成指走势。

4. 操作说明

←、→:向左、向右移动光标。

Ctrl＋←、→:向左、向右快速移动光标。

Home、End:将光标移到头、尾。

Page Up、Page Down:翻到上一指数、翻到下一指数。

F5：即时分析图和技术分析图切换。

双击鼠标：显示、隐藏十字光标。

(三)个股分析

1. 如何查看特定股票的信息

(1)通过键入名称的首字母调出。通过键入相应名称的首字母调出相应的走势图。例如，对于上证指数来说，通过键入"上证指数"这4个字的汉语拼音首字母"SZZS"（注：在系统输入法为英文的状态下进行输入）即可调出键盘精灵，它会自动匹配与这4个字相对应的入口点，随后就可以通过键盘回车或鼠标双击这一条目进入相应的上证指数走势图（图2-18）。

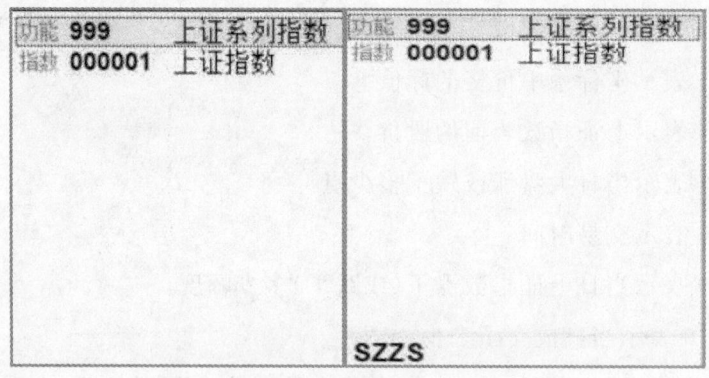

图2-18　键盘精灵调出上证指数示意图

(2)通过键入相应代码调出。每一种股票都有其相应的代码,每一只个股也有其相应的代码。例如,上证指数的代码为000001、深证指数的代码为399001、工商银行的代码为601398。可以输入相应的数字代码调出键盘精灵,找到与之匹配的相应入口点。随后,就可以通过键盘回车或鼠标双击这一条目进入相应的走势图（图2-18）。

(3)通过快捷键调出。通过快捷键,投资者可以更加高效地调出相应的功能组件。例如,最常见的上证指数走势就包括两种快捷键：一个是数字键"03"；另一个是键盘上的功能键"F3"。

(4)加入自选。在键盘精灵输入股票代码按回车键后显示相应股票的走势图,通过点击所示界面右上角"加入自选",即可将该股票设置为自选股（图2-19）。通过快捷键"06"或"F6"即可调出添加的所有自选股信息（图2-20）。其中※表示该股票实时资讯信息。对自选股单击右键选择"多股同列"。多股同列具有将多个股票的即时走势图在一个画面中同时列出的功能,让投资者可以同时关注多个股票的动向（图2-21、图2-22）。

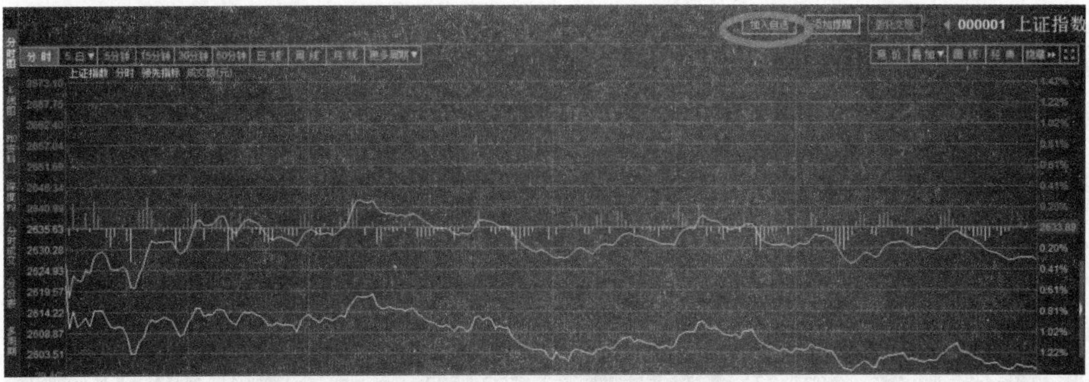

图 2-19 加入自选

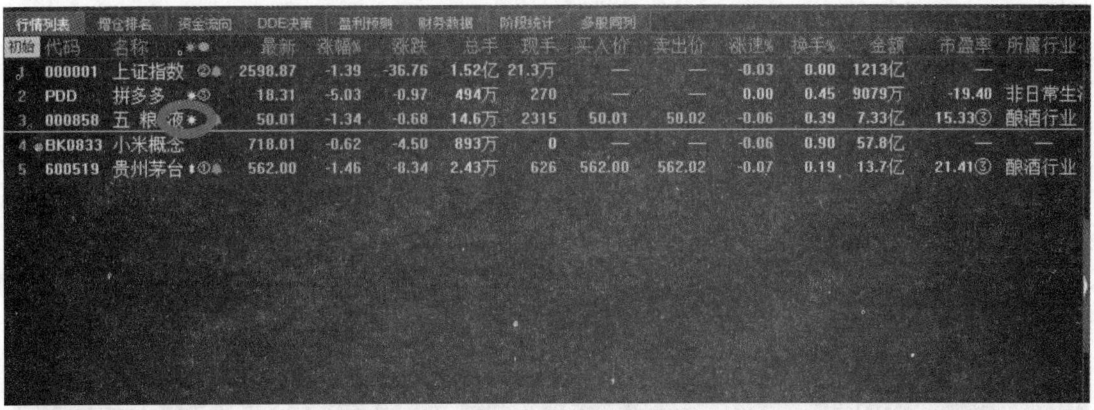

图 2-20 所有自选股信息

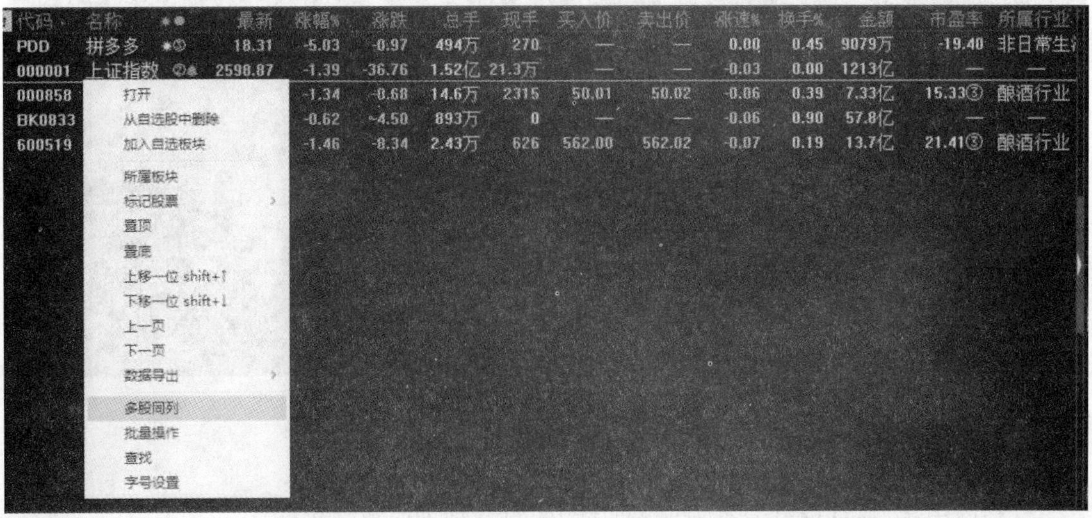

图 2-21 选中"多股同列"

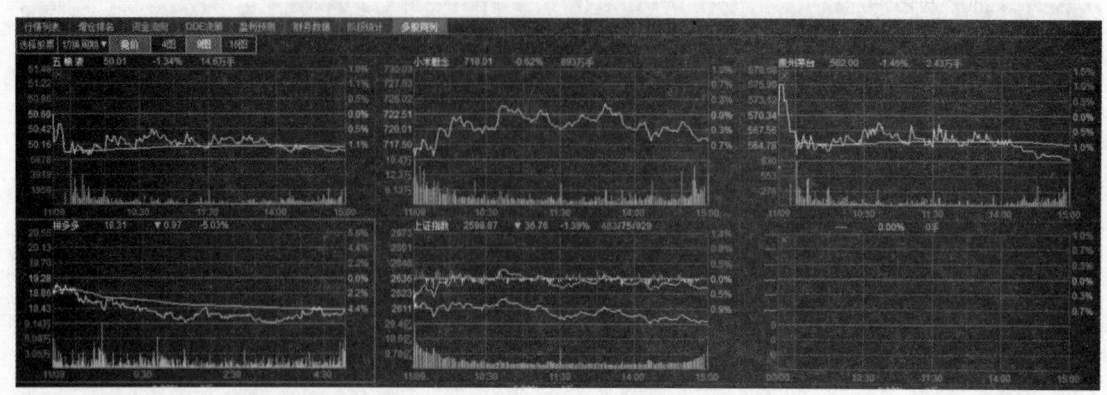

图 2-22　多股同列图

2. 查看个股分时图

通过个股分时图可以查看该股当日动态走势线,与大盘分时走势的功能类似。

进入股票的 K 线图以后,单击左上角"分时图"命令,将会进入图 2-23 所示的界面——个股的分时走势。

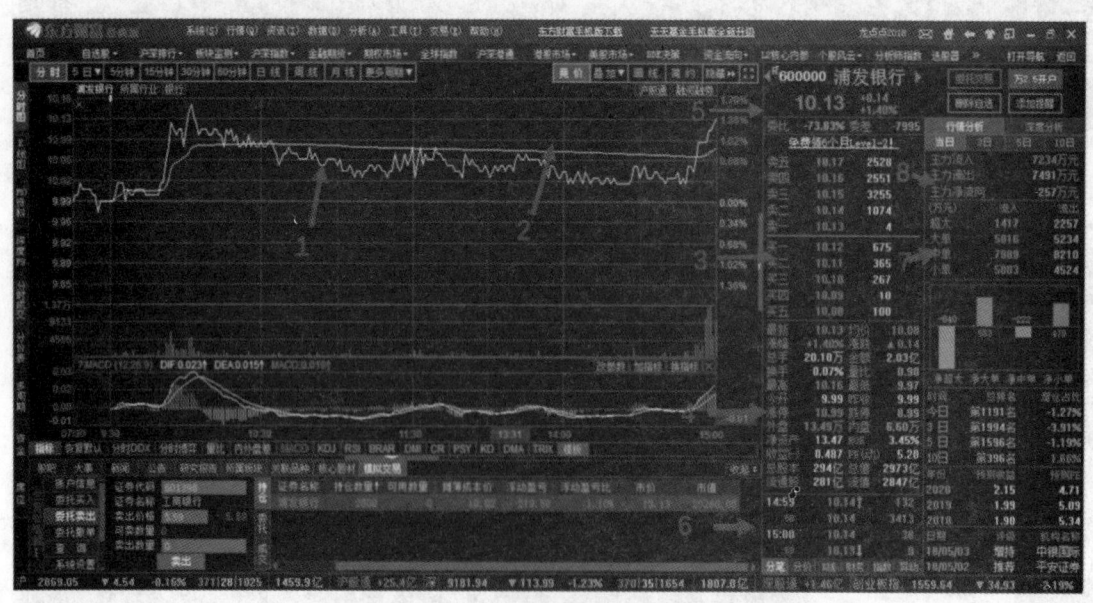

图 2-23　个股分时走势图

(1)图中 1 所指(屏幕表示为白色曲线)为每分钟即时成交价的连线。

(2)图中 2 所指(屏幕表示为黄色曲线)反映本交易日截至当前时刻的成交均价,亦即该时刻之前的成交总金额除以成交总股数的结果。

若白线①在上、黄线②在下，则说明实时行市在走强；若白线①在下、黄线②在上，则说明实时行市在走弱。两条曲线的相对偏离程度可以在一定程度上反映行情的强弱。

(3)图 2－24 为图 2－23 中 3 所指信息。其中买一到买五按价格从高到低排序，表示投资者在委托买入时的报价，最后一列代表对应报价委托买入的数量，单位为手，每一手为 100 股。卖一到卖五按价格从低到高排序，表示投资者在委托卖出时的报价，最后一列代表对应报价委托卖出的数量，单位为手，每一手为 100 股。图中买一表示当前的最高委托买入价，卖一表示当前的最低委托卖出价。买一和卖一显示应该最先有可能成交。当发生主动买入的委托时，就以卖一的委托价最先成交；当发生主动卖出委托时，就以买一的价格最先成交。

投资者在委托买卖股票时，报价十分重要。无论在深交所还是在上交所交易，成交价格都是遵循“价格优先和时间优先”的原则进行成交的。具体地说，就是报价最高的买入价优先和报价最低的卖出价成交。若报价相同，则先报价的交易最先成交。

(4)图 2－25 为图 2－23 中 4 所指的盘中其他即时交易信息，具体如下。

卖五	10.17	2528
卖四	10.16	2551
卖三	10.15	3255
卖二	10.14	1074
卖一	10.13	4
买一	10.12	675
买二	10.11	365
买三	10.10	267
买四	10.09	10
买五	10.08	100

图 2－24　委托买卖报价

最新	10.13	均价	10.08
涨幅	+1.40%	涨跌	▲0.14
总手	20.10万	金额	2.03亿
换手	0.07%	量比	0.90
最高	10.16	最低	9.97
今开	9.99	昨收	9.99
涨停	10.99	跌停	8.99
外盘	13.49万	内盘	6.60万
净资产	13.47	ROE	3.45%
收益(一)	0.487	PE(动)	5.20
总股本	294亿	总值	2973亿
流通股	281亿	流值	2847亿

图 2－25　即时交易信息

最新：当前最近一次成交时的成交价。

均价：自开盘开始到最近一次成交为止，平均的成交价格。其计算公式是：均价＝成交总额÷成交股数。收盘时的均价为当日交易均价。

涨跌：当前价格(成交)与昨天收盘价相比上涨或下跌的百分比。

涨幅：目前这只股票的上涨幅度。

总手:自开盘开始到最近一次成交为止累计成交的股数,1手＝100股。

换手:也称"周转率",指在一定时间内市场中股票转手买卖的频率,是反映股票流通性强弱的指标之一。换手率越大,说明该个股成交越活跃。

量比:它是开市后每分钟平均成交量与过去5个交易日每分钟平均成交量之比。其计算公式为:

$$量比 = \frac{\frac{现在总手}{当前已开市多少分钟}}{过去5日平均每分钟成交量}$$

量比是投资者分析行情短期趋势的重要依据之一。若量比数值大于1,且越来越大时,表示此时成交总手数(即成交量)在放大;若量比数值小于1,且越来越小时,表示此时成交总手数(即成交量)在萎缩。这里要注意的是,并非量比大于1,且越来越大就一定对买方有利。因为股价上涨时成交量通常会放大,但在股价下跌时成交量也可以放大。因此量比要与股价涨跌联系起来分析,才能有效减少失误。

最高:自开盘开始到最近一次成交为止,期间达到的最高成交价。

最低:自开盘开始到最近一次成交为止,期间达到的最低成交价。

今开:当日的开盘价。

昨收:即前一交易日的收盘价。收盘价通常指某种证券在证券交易所一个交易日内最后一笔买卖成交价格。根据我国沪、深证券交易所交易规则规定,每个交易日闭市前,以每只证券当日已成交的最后一分钟内所有成交价格以成交量加权的平均价为该证券的收盘价。当日无成交的,以前一交易日收盘价为该交易日的收盘价。

外盘:指股票在卖出价成交的累计手数。

内盘:指股票在买入价成交的累计手数。

外盘形象地说明了投资者按卖出者的要求(卖出委托价格)买入股票,从非该公司股东的行列进入该公司股东的行列,是对该股的主动性买盘。外盘数量越多,反映了看好该股票的投资者越多。内盘则说明了投资者按买入者的要求(买入委托价格)卖出股票,从该公司股东的行列出来,变成非该公司投资者,是对该股的主动性抛盘。内盘的数量越多,反映了看空该股票的投资者越多。一般来说,如果某股票的外盘大于内盘,其价格上涨的可能较大;反之,如果某股票的内盘大于外盘,则其价格下跌的可能性较大。

(5)图2-26为图2-23中5所示的信息。

委比　-73.83%　委差　　-7995

图2-26　委比与委差

委比:委买委卖手数之差与之和的比值。委比旁边的数值为委买手数与委卖手数的差值。当委比数值为正值时,表示买方的力量较强,股价上涨的几率大;当委比数值为负值的时候,表示卖方的力量较强,股价下跌的几率大。

委比值的计算方法是:

$$委比=\frac{委买手数-委卖手数}{委买手数+委卖手数}\times100\%$$

(6)图2-27为图2-23中6所示的信息。

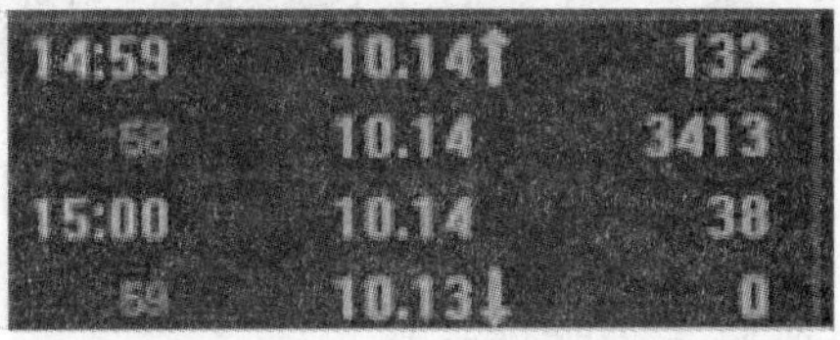

图2-27 个股及时交易信息

图2-27为一个罗列分时价格、成交手数以及成交笔数等信息的栏目。在实际操盘中成交手数后用红色箭头表示这一笔成交为主动性买盘;成交手数后用绿色箭头表示这一笔成交为主动性卖盘;成交手数后用白色箭头表示这一笔碰巧搓合成交,买、卖双方分不清楚谁主动、谁被动。

(7)图2-28为图2-23中7所示信息。

超大单:大于等于50万股或者100万元的成交单。

大单:大于等于10万股或者20万元且小于50万股和100万元的成交单。

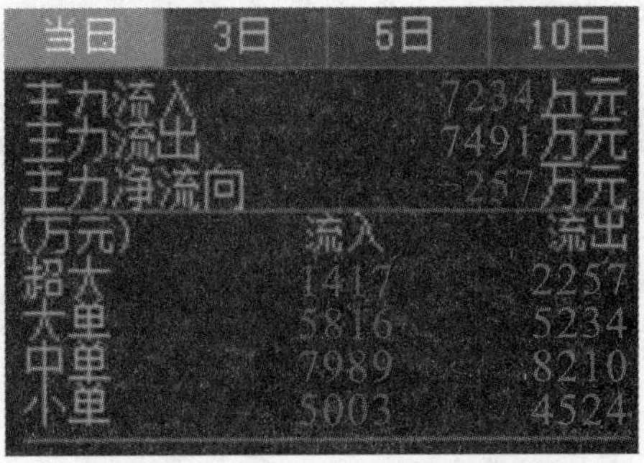

图2-28 个股及时交易信息

中单:大于等于2万股或者4万元且小于10万股和20万元的成交单。

小单:小于 2 万股和 4 万元的成交单。

超大单和大单都不是散户的买单,可能是机构投资者;小单一般可以理解为散户的买单。

(8)图 2-29 为图 2-23 中 8 所示信息。

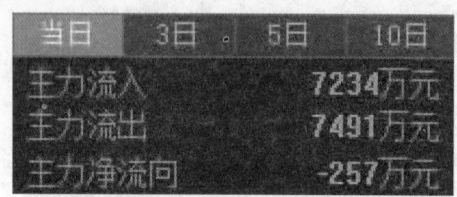

图 2-29 个股即时交易信息

主力流入:超大单加大单买入成交额之和。

主力流出:超大单加大单卖出成交额之和。

主力净流入:主力流入-主力流出。

3. 查看个股 K 线图

单击页面左上角"K 线图"即可进入个股 K 线图界面(图 2-30)。

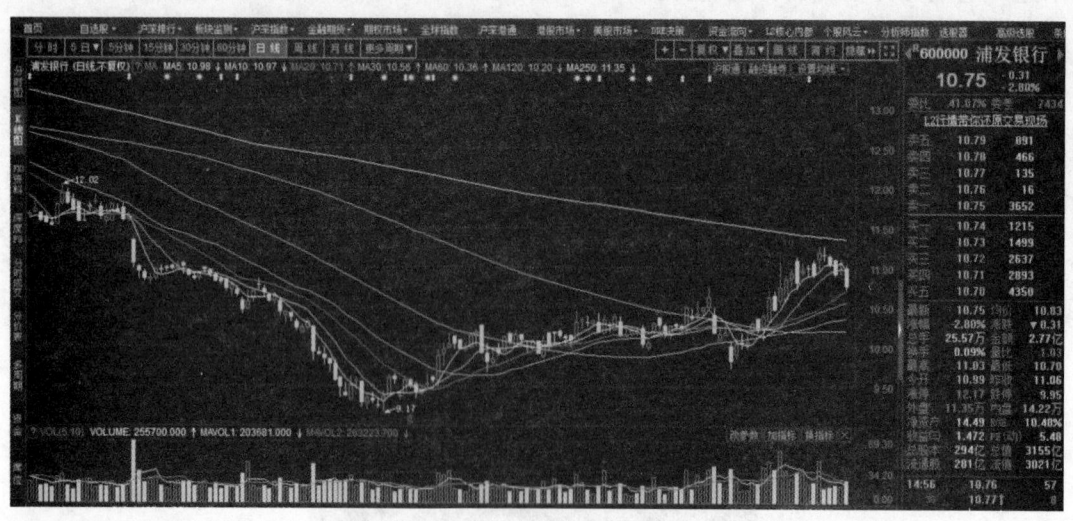

图 2-30 K 线图

(1)快捷键。F8 快捷键可切换日 K 线→周 K 线→月 K 线→各分时 K 线。

(2)操作说明。

↑:K线图形状放大。

↓:K线图形状缩小。

→:光标右移。

←:光标左移。

（四）按照排名、分类看股票

通过涨停、跌停信息可以查看当天的强势股票、弱势股票，具体操作方法如下。

(1)登录东方财富以后，默认界面如图2-31所示，其中按照股票代码列出了上海和深圳两个市场A股的涨跌幅排行榜。通过点击"行情"—"涨幅排行"，可以查询"沪深A股""上证A股""深证A股"等股票涨幅排行榜（图2-32、图2-33）。

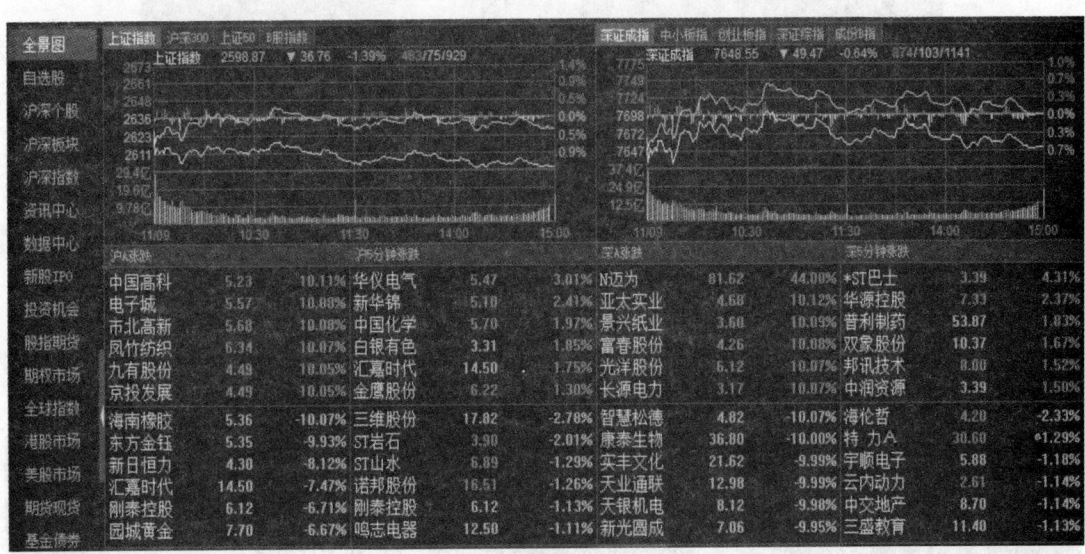

图2-31 初始界面

(2)图2-33所示界面为"沪深A股"涨幅排行榜，在该界面涨幅排行中，排在前面的是涨幅最大的股票。单击窗口中第一行"涨幅％"，将会看到股票进行了重新排序，排在最前面的是跌幅最大的（图2-34）。

(3)窗口中出现的所有指标都可以按照前面的方法进行排序，包括现手、买入价、卖出价、金额、市盈率、最高、最低、开盘、昨收、涨幅、量比、委比等。拖动下方滚动条，能看到更多指标，可以选择某个指标拖动到主界面进行查看。

(4)快捷键。

Page Up:翻到上一页。

Page Down:翻到下一页。

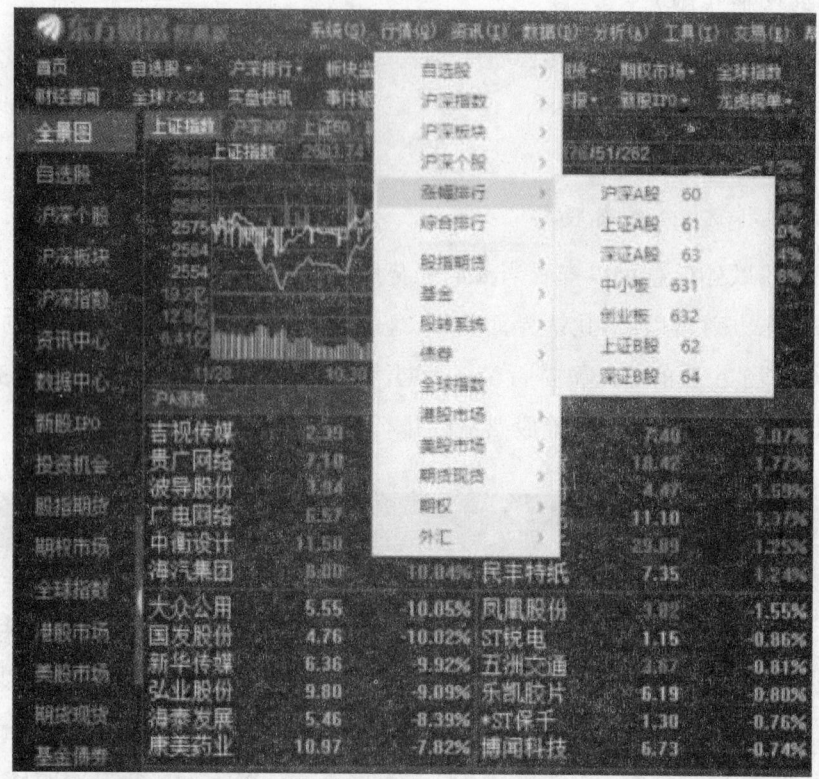

图 2-32 查询涨幅排行榜

图 2-33 按照涨幅排序

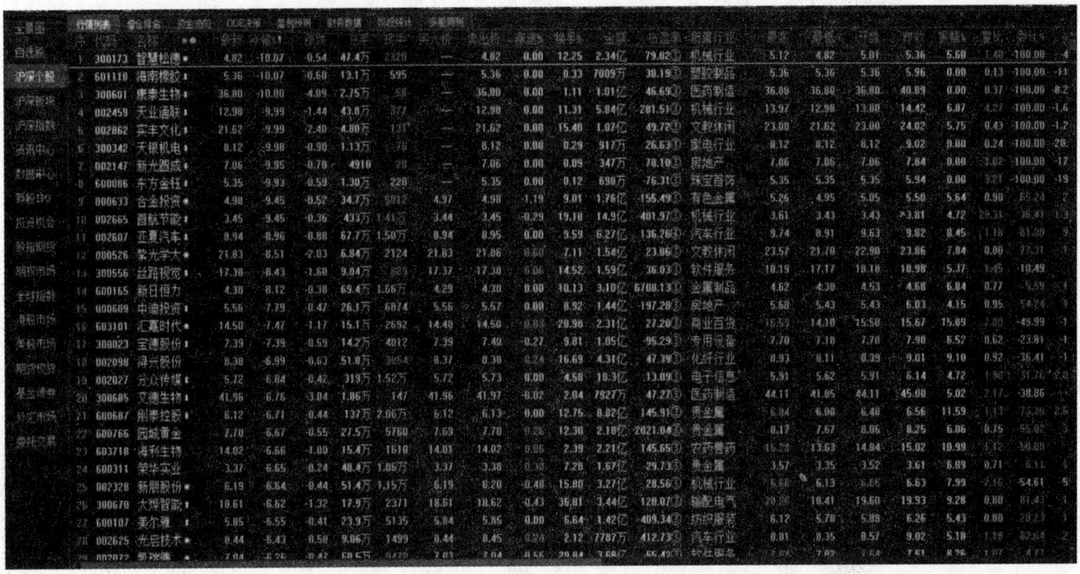

图 2-34 按照跌幅排序

以下列出了东方财富终端中常用的快捷键（表 2-1）。

表 2-1 东方财富终端常用的快捷键

快捷键	调用画面	快捷键	调用画面
Insert	将当前个股加入自选股	8	深证基金行情
Del	删除自选股中的个股	9	中小板块行情
06 或 F6	自选股	30	全部板块列表
061	自选股 1	301	行业板块列表
062	自选股 2	302	概念板块列表
063	自选股 3	303	地区板块列表
064	自选股 4	60	沪深两市涨幅排行
065	自选股 5	61	上证 A 股涨幅排行
066	自选股 6	62	上证 B 股涨幅排行
067	自选股 7	63	深证 A 股涨幅排行

续表 2-1

快捷键	调用画面	快捷键	调用画面
068	自选股 8	64	深证 B 股涨幅排行
069	自选股 9	65	上证债券涨幅排行
Ctrl+Q	标记股票	66	深证债券涨幅排行
ZCPM	增仓排名	67	上证基金涨幅排行
ZJLX	资金流向	68	深证基金涨幅排行
YBZX	研报中心	69	中小板块涨幅排行
YLYC	盈利预测	80	沪深两市综合排行
CWSJ	财务数据	81	上证 A 股综合排行
XGQ	选股器	82	上证 B 股综合排行
07 或 F7	高级选股	83	深证 A 股综合排行
09 或 F9	个股深度资料	84	深证 B 股综合排行
10 或 F10	个股基本资料	85	上证债券综合排行
12 或 F12	委托下单	86	深证债券综合排行
03 或 F3	上证指数走势	87	上证基金综合排行
04 或 F4	深证成指走势	88	深证基金综合排行
1	上证 A 股行情	89	中小板块综合排行
2	上证 B 股行情	←与→	移动十字光标
3	深证 A 股行情	↑与↓	查看多日分时
4	深证 B 股行情	Tab	打开/隐藏报价信息
5	上证债券行情	01 或 F1	个股成交明细
6	深证债券行情	02 或 F2	个股当日分价
7	上证基金行情	05 或 F5	切换 K 线图和分时图

第三章

证券模拟投资的操作指南

第一节 技术分析

一、技术指标分析实验内容

(1) K线及其他形态理论的应用。

(2) 成交量和价格的关系分析。

(3) MACD分析:移动平均线理论的运用。

(4) RSI分析:强弱指标的判断。

(5) OBV分析:人气判断。

二、运用技术指标研判市场的步骤

(1) 进一步熟悉了解证券投资分析软件中K线图和其他统计图——成交量、均线系统、技术指标的含义。

(2) 在软件中搜索一些经典的K线形态和K线组合,进一步理解这些形态和组合的预测作用。

(3) 熟悉MACD、RSI、OBV等技术指标的切换和分析方法。

三、K线图

K线图是用来记录交易市场行情价格的,因其形状如同两端有蕊芯的蜡烛,故而在西方称之为蜡烛图。它由一段时间内的开盘价、收盘价、最高价和最低价组成,表示这段时间内买卖双方的力量对比情况。K线是一条柱状的线条,由影线和实体组成。影线在实体上方的部分叫上影线,下方的部分叫下影线。实体分阳线和阴线,当收盘价高于开盘价时,实体部分一般绘成红色或空白,称为阳线;当收盘价低于开盘价时,实体部分一般绘成绿色或黑色,称为阴线(图3-1)。

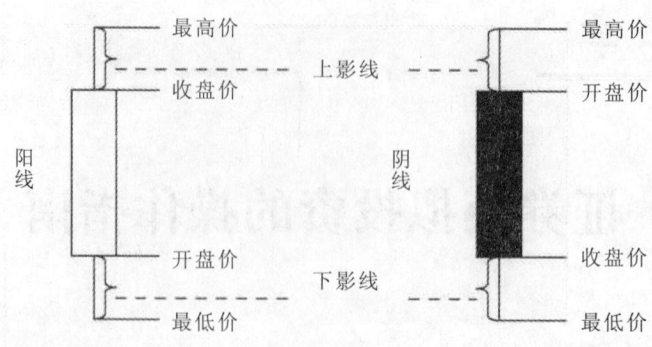

图3-1 K线图示例

上证指数的K线图可以用来反映一段时间的指数走势,根据分析周期可以分为日K线图、周K线图和月K线图等,通常我们分析日K线图。日K线图是每天用1条K线(阴线或阳线)表示当天的行情,这些单K线由时间顺序从左到右排列,最右的是最近的交易日(图3-2)。

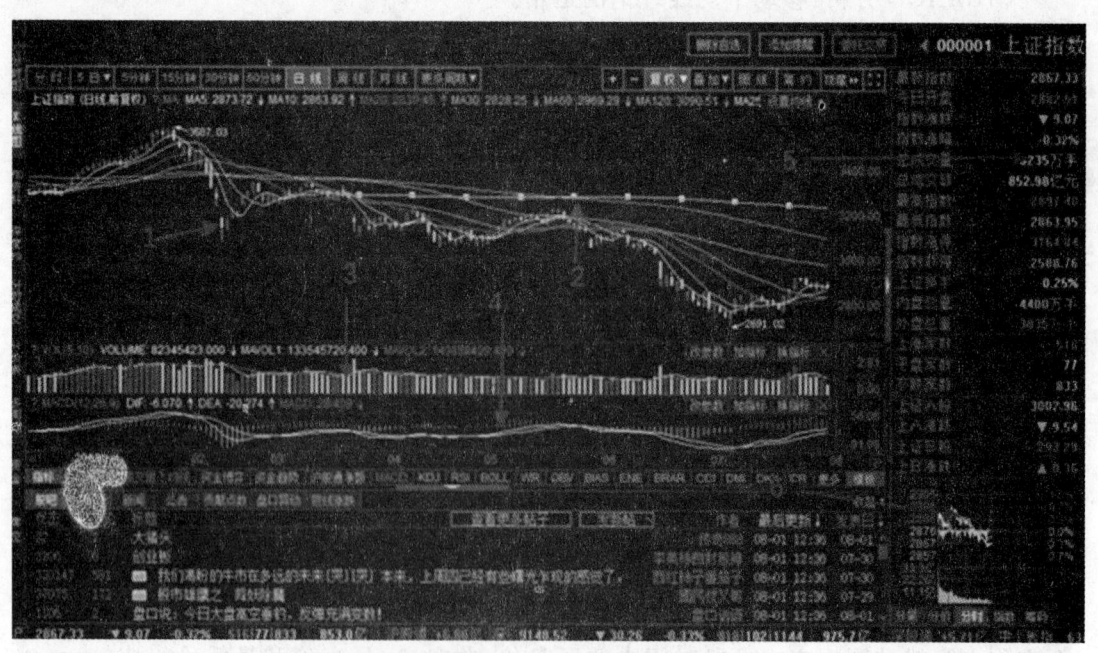

图3-2 大盘K线图

(1)K线图(图3-2中1所指),即由阴线和阳线组成的价格走势图。在实际操盘中红色烛线表示阳线,一般表示股票价格上涨;绿色烛线表示阴线,一般表示股票价格下跌。

（2）移动平均线 MA（图 3-2 中 2 所指），是指由股价的平均价格连成的线，MA5 即指股价的 5 日均线，图中给出的由上到下依次是 MA250、MA120、MA60、MA30、MA20、MA10 和 MA5。它是投资者进行技术分析的重要指标。

（3）成交量（图 3-2 中 3 所指），对应上面的 K 线图，表示当天的成交量，单位是手。柱线越高，表示当天的成交量越大。

（4）技术分析指标（图 3-2 中 4 所指），是投资者进行技术分析的各种指标，可以用来分析未来股票价格的走势。

（5）图 3-2 中 5 所指当日即时价格信息。

（6）图 3-2 中 6 所指当日指数分时图。

K 线图的键盘操作如下：

↑可以将 K 线图放大。

↓可以将 K 线图缩小。

→可以将"＋"光标沿 K 线图向右移动。

←可以将"＋"光标沿 K 线图向左移动。

把鼠标光标移到某一天的 K 线上，将会看到那天的大盘数据（图 3-3），其中包括开盘、最高、最低、收盘、涨跌、涨跌幅、成交量和金额等信息。

如果想要精确比较大盘数据，可以在 K 线图中双击，此时会出现某一天详细大盘数据，且在右下角会出现单击日期当天的分时图和 K 线图（图 3-4）。

四、量价理论

成交量是指一个时间单位内撮合成交的总股数或总手数。成交量指标（VOL）将单位时间内的总成交量用条形实体直观地表示出来。在实际操盘中，若单位之间内股价收盘价高于均价，成交量柱实体为红色；相反，若收盘价低于均价则成交量柱实体为绿色。

成交量是研判行情的最重要因素之一，成交量的大小反映了多空双方交战的规模和争夺的激烈程度。通过成交量的观察和分析，可以知道市场上哪些股票是热门股，哪些股票是少人问津的冷门股，哪些股票有主力机构照顾，而哪些股票无主力坐庄，投资者则可制订出合适的投资策略，增加资金的利用率。

成交量和股价的关系。美国投资专家葛兰维曾说过："成交量是股市的元气，股价只不过是它的表征而已，成交量的变化是股价变化的前兆"，成交量对股价走势具有先

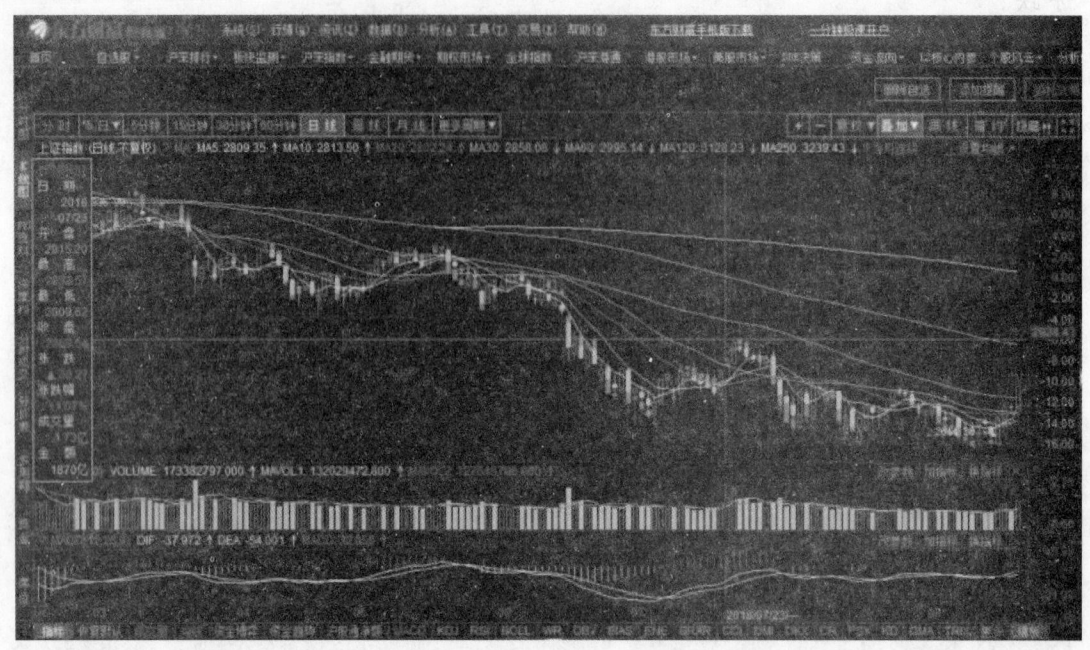

图 3-3 特定日期的 K 线信息

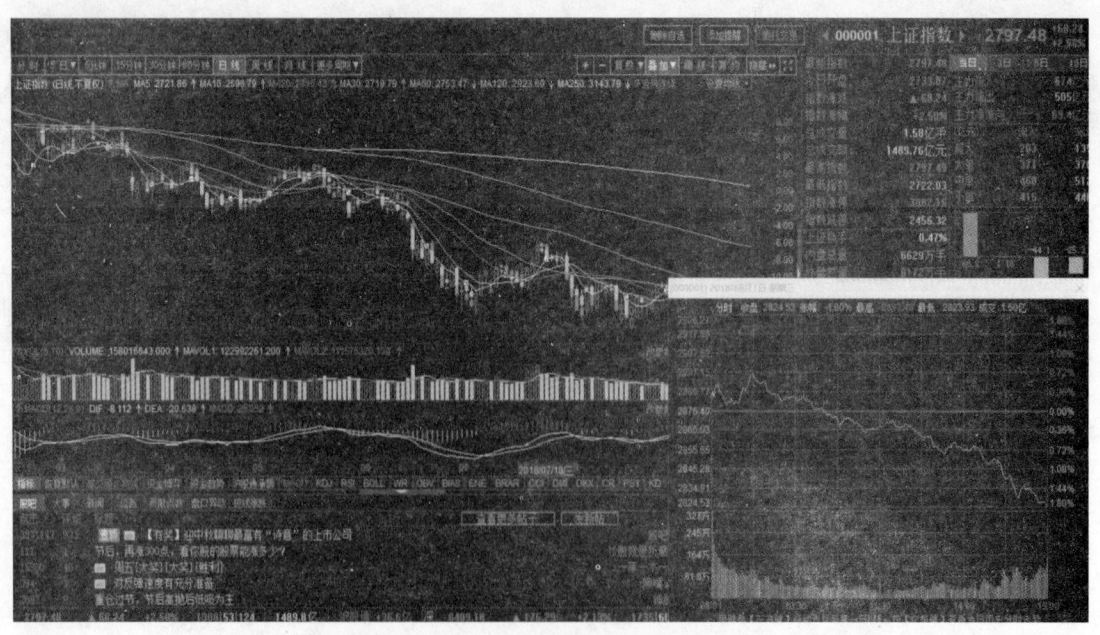

图 3-4 显示精确信息

行的预兆作用。多头市场与空头市场相比,其区别为投资者参与程度的不同和市场人气的不同,表现在多头市场里,投资者交易意愿积极,股价指数上升,成交量放大;在空头市场里,多方买盘不积极,股价指数下跌,成交量萎缩。

当股价突破盘整,成交量大增,而股价仍继续上涨是多头市场来临的征兆,也是抄底或买进的信号。多头市场结束前,成交量会有信号暗示股价即将下跌。而空头市场成交量的特征,就是股价下跌导致买盘不积极,成交量随股价创新低而萎缩,无法萎缩时就容易出现反弹。如此逐波下跌,持续出现新的低价,直到成交量再也无法萎缩时,下跌行情就将结束。

空头市场行情的初期,由于投资者的看法不一,成交量依然是巨大的,直到出现大跌,交易量开始减少,而股价原理是指大成交量聚集的价位,股价继续下跌,这就是空头市场将来临的征兆,也是卖出的信号。

空头市场结束而转为多头市场前,成交量也会发出信号。空头市场的尾声成交量都已萎缩,随后成交量有放大的迹象,股价有时会升,有时依然横盘或缩量下跌。成交量的增加暗示交易意愿的提升,股价趋势将发生反转。

如图3-5所示,股价指数上升,必须配合着成交量的放大趋势方可持续;而股价指数在下跌趋势中,并不需要成交量放大的配合,相反,成交量会开始萎缩。

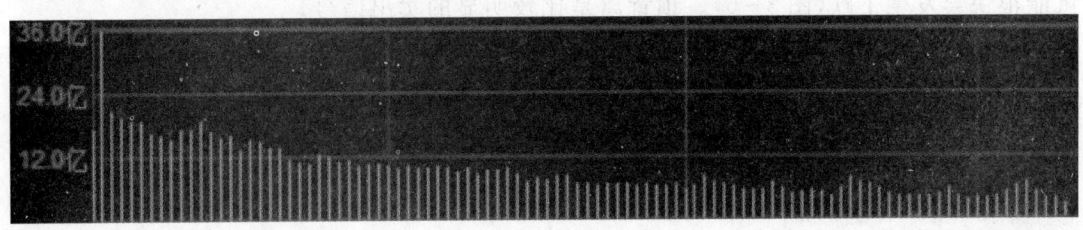

图3-5 成交量信息

量价理论同样适用于个股行情的判断上。一般情况下,成交量较大且价格上涨的股票后市趋势向好;成交量持续低迷时,则说明股票处于下跌或者整理阶段,市场交易不活跃。特别是判断股票短期走势上,成交量对分析主力行为提供了重要的依据,对成交量异常波动的股票应当密切关注。

五、技术指标法

技术指标法,就是应用一定的数学公式,对原始数据进行处理,得出指标值,将指标值绘成图标,从定量的角度对股市进行预测的方法。这里的原始数据一般包括开盘价、最高价、最低价、收盘价、成交量和成交金额等,有时还包括成交笔数。

对原始数据进行处理,是指将这些数据的部分或全部按一定的处理方法,进行整理加工,使之成为投资者希望得到的东西,使其能反映出市场某一方面深层的内涵,而这些内涵仅通过原始数据很难看出来。不同的处理方法产生了不同的技术指标,从这个意义上来讲,每一种技术指标都表示着对应一种处理原始数据的方法。

技术指标从不同的角度可以有不同的分类,一般以技术指标的功能作为分类的依据。按功能来划分,可以将技术指标分为趋势型指标、超买超卖型指标、人气型指标和大势型指标等。

技术指标的应用法则主要包括指标背离、指标的交叉、指标的高位和低位、指标的徘徊、指标的转折、指标的盲点。

1. 指标背离

指标背离是指技术指标曲线的波动方向与股票价格曲线的趋势方向不一致。指标出现背离,表明价格的变动没有得到指标的支持。指标背离分为顶背离和底背离。

顶背离通常出现在股价的高档位置。当股价的高点比前一次的高点高,而指标的高点却比指标前一次的高点低;即指标处于高位时,形成一峰比一峰低的两个峰,而此时股价却对应的是一峰比一峰高,则表示该指标怀疑股价的上涨是外强中干,暗示股价可能很快会发生下跌(图3-6)。顶背离是比较明显的卖出信号。

底背离一般出现在股价的低档位置,当股价的低点比前一次的低点低,而指标的低点却比指标前一次的低点高,表示指标认为股价不会再持续地下跌,暗示股价会发生反转上涨(图3-7)。底背离是一种建仓的信号。

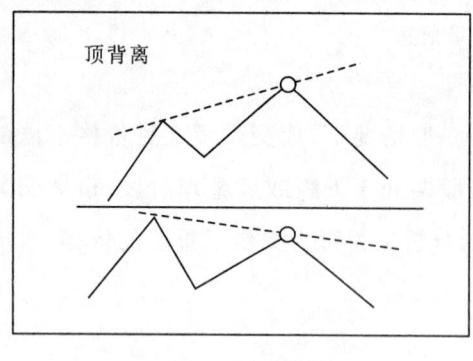

图3-6 顶背离

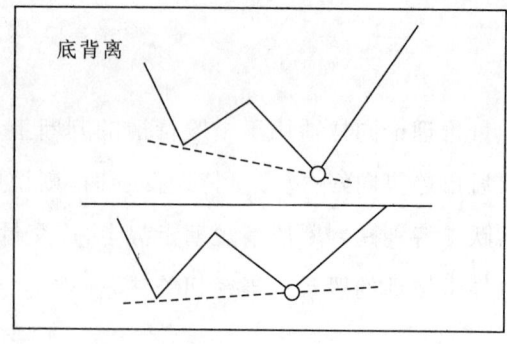

图3-7 底背离

2. 指标的交叉

指标的交叉是指技术指标图形中的两条指标曲线发生了相交现象,交叉表明多空双方力量对比发生了变化。它的类型有黄金交叉、死亡交叉和0轴交叉3种。

死亡交叉是指下降中的短期指标曲线由上而下穿过下降的长期指标曲线,这时支撑线被向下突破,表示股价将继续下落,行情看跌(图3-8)。

黄金交叉是指上升中的短期指标曲线由下而上穿过上升的长期指标曲线的交叉,这时压力线被向上突破,表示股价将继续上涨,行情看好(图3-9)。

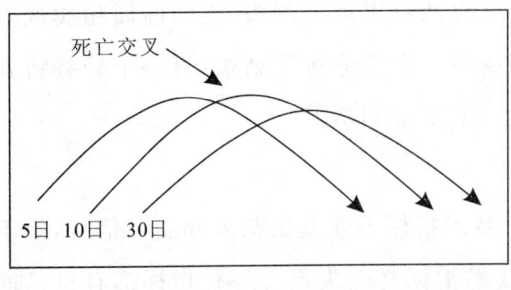
图3-8 死亡交叉

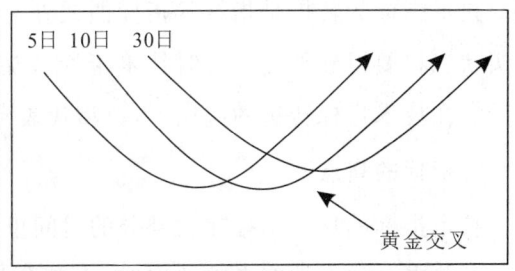
图3-9 黄金交叉

指标曲线向下穿过0轴表示指标认为由多方市场开始变为空方市场,行情看空;而指标曲线向上穿越0轴表示指标认为空方市场开始转为多方市场,行情看多。

黄金交叉和死亡交叉,通常为一个买入或卖出的信号。在个股走势的分析下,常应用于移动平均线指标中,结合其他技术指标,可以比较准确地把握进出的时机。

3.指标的高位和低位

指标进入高位和低位,表示该指标认为市场已进入超买区和超卖区。

以相对强弱指标RSI为例,一般情况下,RSI指标从低位升到高位区并超过80以上,则认为市场已进入超买阶段,随时可能出现回落,投资者应该警惕。RSI指标由高位下降到20以下,则认为市场进入超卖阶段,随时可能反弹,投资者应该关注。

若指标在高位随股价继续攀升,股价上升幅度越来越大,RSI指标上升幅度越来越小。形成了上升抛物线状,即出现了高位钝化。指标高位钝化只有市场强势特征明显的情况下才可能形成。同理,指标低位钝化是在市场极度弱势的情况下才能形成。

指标出现钝化时,需要注意以下问题。

(1)一般情况下只有短线指标会出现钝化。例如,RSI指标、KDJ指标、威廉指标等。

(2)短线指标出现钝化以后,投资者在进行操作时,应参考中长线指标进行买卖,例如,动向指标(DMI)和宝塔线(TWR)。

4. 指标的徘徊

技术指标的徘徊是指指标处在进退不明的状态,对未来走势方向不能做出明确的判断。

5. 指标的转折

技术指标的转折是指技术指标曲线在高位或低位出现了调头,表明前面超卖或者超买状态将要得到平衡。有时技术指标调头表明一个趋势将要结束,另一个趋势将要开始。在技术指标转折的应用上,典型代表是动向指标(DMI)。

6. 指标的盲点

技术指标的盲点是指在大部分的时间里,技术指标不能发出买入和卖出信号,处于"盲"的状态。如在徘徊盘整状态时,大部分技术指标都会失灵。每种指标都有自己的盲点,即指标失效的时候。应用某种技术指标,在条件不符合的时候则会失效。

因此在指标运用时,从实际中总结并找到盲点的所在。遇到某种技术指标出现盲点和失效的情况下,则应考虑其他的技术指标。另外,结合 K 线技术、形态技术、波浪技术等应用,往往能提高技术指标分析的准确率和成功率。

六、常用技术指标

(一)移动平均线(MA)

利用统计学上"移动平均"的原理,将每天股价予以移动平均计算,求出一个平均值,连接起来则取得移动平均线。它是道氏理论的具体体现,也是 K 线图的重要补充。

1. 移动平均线的分类

依据时间长短分为短期移动平均线、中期移动平均线和长期移动平均线(图3-10)。

短期移动平均线:一般都以 5 日或 10 日为计算期间,可作为短线进出的依据。

中期移动平均线:一般都有 20 日线、30 日线和 60 日线。

长期移动平均线:一般有 120 日线、200 日线和 250 日线。其中 250 日线实际约为 365 日中全部交易日的数目,又称年线。

2. 移动平均线的特性

移动平均线的优点在于可以反映真实的股价变动趋势;借助于多种移动平均线的排列关系预测中长期趋势;与 K 线或各种平均线结合可发出买卖信号,界定风险程度。

移动平均线也有其缺点,比如平均股价与实际股价在时间上有所超前或滞后,难以

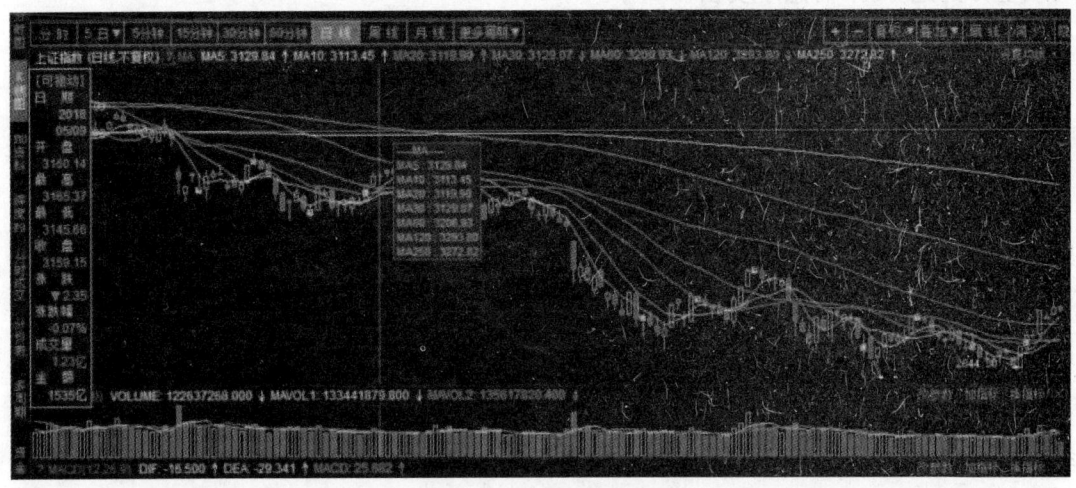

图 3-10 移动平均线

把握股价的最高点和最低点,盘整期时买卖信号过于频繁。

投资者在均线的分析上,需要注意以下特性。

(1)趋势的特性。移动平均线能够表示股价趋势的方向,所以具有趋势的性质。

(2)平稳的特性。移动平均线不像日线会起起落落地震荡,而是起落十分平稳。

(3)安定的特性。通常越长期的移动平均线,越能表现安定的特性,即必须股价涨势真正明朗了,移动平均线才会往上延伸。且在股价开始回落之初,移动平均线仍是向上的,等到股价下滑显著时,移动平均线才开始向下倾斜,这是移动平均线最大的特色。越短期的移动平均线,安定性越差,越长期的移动平均线,安定性越强,但也因此使得移动平均线有滞后的特性。

(4)助涨的特性。股价从平均线下方向上突破,平均线也开始向右移,可以看作是多头支撑线,股价回跌至平均线附近,自然会产生支撑力量。短期平均线向上移动速度较快,中长期平均线向上移动速度较慢,但都表示一定期间内平均成本增加,买方力量若仍强于卖方,股价回跌至平均线附近,便是买进时机,这是平均线的助涨功效,直到股价上升缓慢回跌,平均线开始减速移动,股价再回至平均线附近,平均线失去助涨效能,将有重返平均线下方的趋势,最好不要买进。

(5)助跌的特性。反过来说,股价从平均线上方向下突破,平均线也开始向右下方移动,成为空头阻力线,股价回升至平均线附近,自然产生阻力。因此,在平均线往下走回升到平均线附近便是卖出时机,平均线此时有助跌作用,直到股价下跌缓慢或回升,平均线开始减速移动,股价若是再与平均线接近,平均线便失去助跌意义,将有重返平均线上方的趋势,不需急于卖出。

3. 移动平均线的应用

移动平均线和价格之间的相互关系及作用可产生明确的趋势信号。在具体应用上,可以参考美国分析师葛兰维提出的移动平均线8条法则。

(1)移动平均线从下降逐渐走平且略向上方抬头,而股价从移动平均线下方向上方突破为买进信号。

(2)股价位于移动平均线之上运行,回档时未跌破移动平均线后又再度上升时为买进时机。

(3)股价位于移动平均线之上运行,回档时跌破移动平均线,但短期移动平均线继续呈上升趋势,此时为买进时机。

(4)股价位于移动平均线以下运行,突然暴跌,距离移动平均线太远,极有可能向移动平均线靠近(物极必反,下跌反弹),此时为买进时机。

(5)股价位于移动平均线之上运行,连续数日大涨,离移动平均线愈来愈远,卖压,应暂时卖出持股。

(6)移动平均线从上升逐渐走平,而股价从移动平均线上方向下跌破移动平均线时,说明卖压渐重,应卖出所持股票。

(7)股价位于移动平均线下方运行,反弹时未突破移动平均线,且移动平均线跌势减缓,趋于水平后又出现下跌趋势,此时为卖出时机。

(8)股价反弹后在移动平均线上方徘徊,而移动平均线却继续下跌,宜卖出所持股票。

(二)MACD指标

MACD指标的全称为平滑异同平均线,是基于均线的构造原理,对收盘价格进行平滑处理(求出算术平均值)后的一种趋向类指标。它根据两条不同速度的指数平滑移动平均线来计算两者之间的离差状况作为行情研判的基础,即运用快速与慢速移动平均线聚合与分离的征兆,来判断买进与卖出的时机与信号。

1. MACD指标的基本图形

MACD指标图形由快速线(DIFF)、慢速线(DEA)和柱状线构成(图3-11)。其中DIFF线为核心,DEA线为辅助;DIFF是快速移动平均线(即EMA1,一般设置为12日)和慢速移动平均线(EMA2,一般设置为26日)的差,而柱状线的值为DIFF与DEA的差值,即若DIFF线在DEA线上方,则差值为正,在实际操盘中,柱状线为红色;若DIFF线在DEA线下方,则差值为负,则柱状线为绿色。

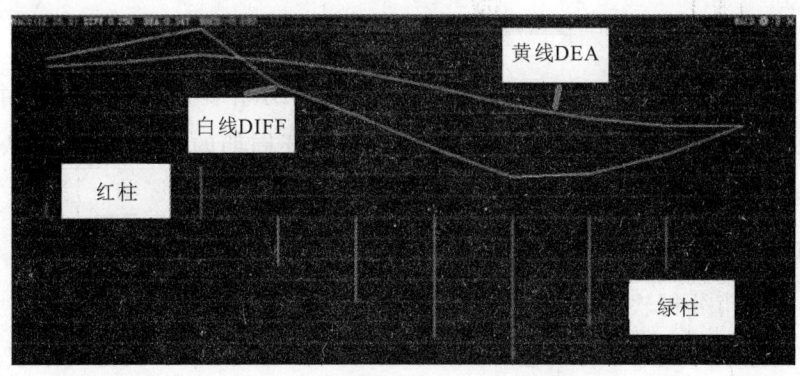

图 3-11　MACD 指标图形示例

2. MACD 指标的应用

在 MACD 指标的应用上，需要注意以下几个方面。

(1)市场持续涨势时，短期的 EMA 线会在长期 EMA 线之上，即 DIFF 为正值，并且其值会越来越大；反之，在市场持续的跌势中，DIFF 为负值并且越来越小。行情反转前，DIFF 的正值或负值的离差值会逐渐缩小，表现为曲线向上或向下运行的趋势逐渐减缓，开始向相反的方向转化。

(2)DIFF 与 DEA 均为正值时，表示市场为多方行情，股价看涨；当两者均为负值时，表示市场是下跌行情。当 DIFF 从负值向上突破 0 轴转变为正值时，为买入信号；当 DIFF 从正值跌破 0 轴转变为负值时，为卖出信号。

(3)当 DIFF 与 DEA 均为正值时，DIFF 曲线从下向上穿过 DEA 曲线，出现黄金交叉，此时为买进信号；相反，DIFF 曲线从上向下跌破 DEA 曲线，出现死亡交叉时，为卖出信号。

(4)当 DIFF 与 DEA 均为负值时，DIFF 曲线从上向下穿过 DEA 曲线为买进信号；相反，DIFF 曲线从下向上穿过 DEA 曲线为卖出信号。

(5)MACD 指标的背离：当股价在相对高位逐次上升，而 DIFF 与 DEA 指标曲线却出现逐次下降时，为 MACD 的顶部背离情况，是股价即将下跌的信号；反之，若 MACD 指标出现底部背离，则为股价即将反转上升的信号。

(6)股价处于升势，均线处于上升的多头排列时，当 DIFF 曲线远离 DEA 曲线，造成两线之间乖离率加大时，应防范股价回落风险。

(7)股价或指数横盘之时，常会出现 DIFF 曲线与 DEA 曲线交错，此时指示意义不明显,如两者的乖离率加大,则可关注盘整局势的突破。

(三)威廉指标(WMS%R)

威廉指标简称 WMS 或 WMS%R 指标,主要用于分析多空双方的力量对比。利用摆动点来衡量和判断超买和超卖现象。可以预测循环周期的高点和低点,从而提出有效的信号,是分析市场短期行情走势的技术指标。

1. 威廉指标的基本图形

由于各种股市分析软件的设计原理和方法存在差异,在不同的分析软件上,威廉指标的图形有些差别。威廉指标的基本图形如图 3-12 所示,WR 线是一条表示 WR 值不断变化的曲线。它的变动范围主要是 0~100。如果 WR 值超过 0 或者 100,则 WR 曲线会在 0 或 100 上钝化。

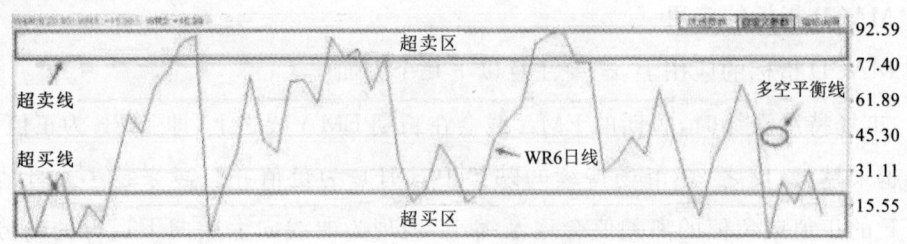

图 3-12 威廉指标基本图形

2. 威廉指标的应用

在应用威廉指标时,一般应注意以下几个方面。

(1)WR 值在 0~100 之间运行。当 WR 值接近 50 左右时,表示多空力量均衡;当 WR 值大于 50 时,表示市场是空头市场;当 WR 值小于 50 时,则是多头市场。

(2)当 WR 曲线进入 80~100 区间时,市场处于超卖状态,表示行情可能已近底部,可考虑买入。WR 值=80 这一横线,一般视为买入线。

(3)WR 曲线在 0~20 区间是 WR 曲线指标的超买区,表明市场处于超买状态,表示行情已进入顶部,可考虑卖出。WR 值=20 这一横线,一般视为卖出线。

(4)当 WR 曲线由超卖区(即 WR 大于 80)向上攀升初期,只表示行情转强;突破 WR 值=50 中轴线时,开始转为强市,为买入信号;而当 WR 曲线由超买区(即 WR 值小于 20)回落,仅表示股价趋势转弱,待跌破中轴线方可卖出。

(5)威廉指数进入超买或超卖区后,行情并不一定立即转势,只有明显转向跌破卖出线或突破买入线时,方为较准确的买卖信号。

(6)威廉指标周期选择很重要,关系到指标的准确程度。决定计算周期时,一般取市场买卖循环的半数。通常一个买卖循环可取14日、28日或56日,而扣除双休日。实际交易日为10日、20日和40日,取其半数为5日、10日、20日。具体周期的选择要视市场特点而定。

(7)威廉指标敏感度较大,比较适合正常波动的股票或股市。

(8)威廉指标的设计与随机指标的原理接近,不同的是随机指标采样天数较短。

(四)随机指标(KDJ)

随机指标也称为KDJ指标,是分析师乔治·兰德提出的技术分析理论。随机指标分析当日收盘价与一定时间内最高价、最低价的比例关系,并以此来分析市场的强弱度,是投资者颇为常用的一种中短期技术指标。

1. 随机指标的基本图形

随机指标最早版本为KD指标,是在威廉指标的基础上融合了移动平均线的概念,综合了动量观念、相对强弱指数和移动平均线的优点,能比较准确地判断中短期的买卖点信号。

在各种股市分析软件上,KDJ指标的图形基本相同(图3-13)。其指标曲线由3根曲线组成,移动速度最快的是J线,其次是K线,移动速度最慢的是D线。KDJ指标的变动范围一般为0~100,大部分软件上的KDJ指标取值在0~100之间,少部分软件取值可以大于100或者低于0,但这不影响KDJ指标的判研。

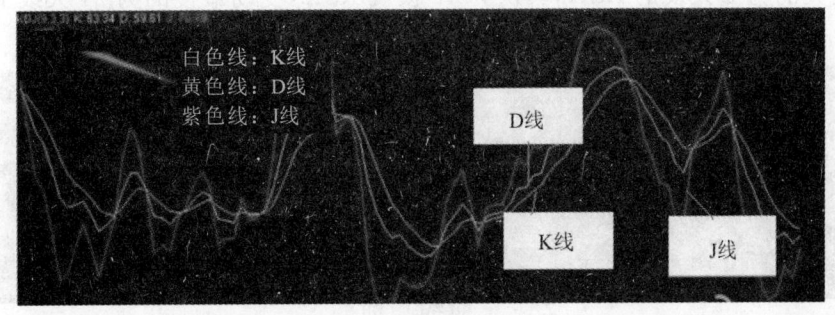

图3-13 KDJ基本图形

2. 随机指标的应用

(1)KDJ指标的区间主要分为3个小部分,即80以上、80~20和20以下。其中,80以上的区域称为超买区;80~20之间的区域称为买卖平衡区;20以下的区域称为超卖区。

(2)当K、D、J值均大于50时,为多头市场,后市看涨;相反,K、D、J值均小于50时,为空头市场,后市可能持续走弱。

(3)指标曲线里。D曲线运动速度最慢,敏感度最低,K线次之,J曲线敏感度最高。

(4)当J值大于K值、K值大于D值时,即3指标曲线呈多头排列,显示目前为多头市场;当3条指标出现黄金交叉时,指标发出买入信号。

(5)当3条指标曲线呈空头排列时,表示目前是下跌趋势;3条曲线出现死亡交叉时,为指标发出的卖出信号。

(6)KDJ指标的背离:KDJ为中短期指标,较MACD指标灵敏度高,其发出的背离信号往往准确率较高。

(五)相对强弱指标(RSI)

相对强弱指标是分析师怀特于1978年首先提出的技术分析理论。相对强弱指标依据市场的价格走势取决于供需双方的力量对比,以某一时间内整个股市或某一股票的涨跌平均值作为衡量买卖双方力量对比的尺度,并以此作为预测未来股价变动的依据。RSI指标的优点在于能比较清楚地指示市场的强弱,识别超买超卖状态,给出合适的买卖信号。

1. RSI指标基本图形

RSI指标的3条曲线一般以6天、12天、24天为分析周期。样本天数小的RSI值易受当日股价变动的影响,因此曲线图形灵敏度大,上下振幅比较大。在图3-14中,变动速度最大的为6天线的RSI1,其次为12天线RSI2,变动最慢的为24天线RSI3。

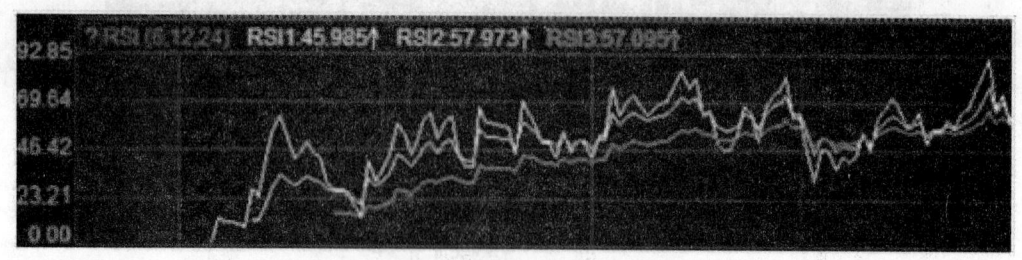

图3-14 RSI指标基本图形

2. RSI指标的应用

在RSI指标的应用中,一般需要注意以下几个方面。

(1)当RSI值为50附近时,表示买卖双方势均力敌,供求平衡,市场正处于盘整行情;当RSI值在50以上时,表示涨势强于跌势,若RSI指标上升至70~80以上,表示已有超买现象,暗示股价可能在短期内下跌回落;当 RSI 值在 50 以下时,表示处于弱势市场,当 RSI 指标下跌到 20～30 以下,表示已有超卖现象,股价可能止跌反弹。

(2)RSI 指标背离信号。当 RSI 指标在相对高位或低位,与股价或股价指数呈现反方向变动时,通常是市场即将发生变化的信号。当日 K 线图的走势不断创新高,而 RSI 线却未创新高甚至出现走低的情形,说明 RSI 不再支持股价上涨,后市下跌可能增大;若股价创新低而 RSI 未创新低,暗示后市股价可能反转上升。

(3)RSI 指标交叉信号。根据短期 RSI 线随股价变动比长期 RSI 线反应更快的特点,当短期 RSI 线在低位由下向上突破长期 RSI 线,产生黄金交叉时即为买入信号;相反,当短期 RSI 线在高位由上向下跌破长期 RSI 线,产生死亡交叉时则是卖出信号。

3. RSI 指标的先行特征

(1)在股市盘整时,RSI 指标一底比一底逐次增高,表示多头力量变强,后市看好;相反,一底比一底逐次降低,表示空头势强,后市看空。

(2)股价尚在盘旋状态时,而 RSI 指标已整理完毕,领先突破趋势线,则暗示股价将突破整理。

(3)股价不断创新高的同时,RSI 也不断创新高表示后势仍强,可能还会上涨;反之,RSI 指标伴随股价不断创新低,则表示后市仍然看跌。

(4)在超买或超卖区,RSI 指标比 K 线图提早出现顶部或底部图形,如 M 头或 W 底,则表示 RSI 指示反转或反弹信号。

4. RSI 指标的缺点

(1)计算周期与取值区间需要根据市场特征来决定。

(2)RSI 值在 40～60 的区间内变化较为敏感,在 20 以下和 80 以上的区间会有钝化、失真等现象。

(3)有时背离信号难以事先确认,需要结合其他指标或者条件来判断。

(六)OBV 指标

OBV 指标的理论基础是市场价格的变化必须有成交量的配合,成交量的多少是市场人气兴衰的象征,也是股市的动能,故成交量是股价变化的先行指标,即"先见量后见价"。

OBV 指标认为交易多空双方对股价的评论越不一致,成交量越大;反之,成交量就小。股价上升需要的能量大,因而要以成交量放大伴随;股价下跌不必耗费很大的能量,因而成交量不一定放大,甚至成交量可能有萎缩倾向。

1. OBV 指标的基本图形

OBV 指标的基本图形如图 3-15 所示。

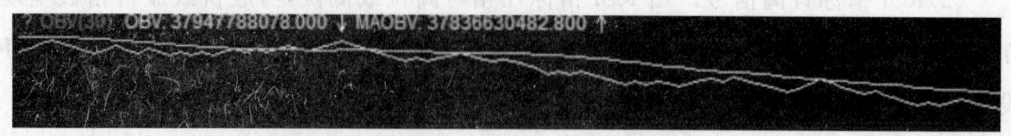

图 3-15　OBV 指标的基本图形

OBV 指标的计算方法为：今日 OBV 值＝昨日 OBV 值±今日成交量。若今日收盘价高于昨日收盘价，则相加；若今日收盘价低于昨日收盘价，则相减。计算 OBV 时的初始值可自行确定，一般用第一日的成交量作为 OBV 初始值，计算单位为股票成交的手数。

2. OBV 指标的应用

OBV 指标是预测股市短期波动的重要判断指标，能帮助投资者确定股市突破盘局后的发展方向。其优点是将静态成交量表转变为动态的曲线指标，借以分析市场内部资金流量和流向的变化；OBV 指标有较强的预示作用，特别是与股价发生背离现象时，提示作用较明显。其缺点是在股价上下剧烈波动时，不能真实反映量价关系，指标容易失真。在 OBV 指标的应用上一般应注意如下几个方面。

(1) OBV 指标的主要用途是帮助投资者确认股价走势的可信度，故 OBV 指标在应用时必须与股价曲线结合起来分析。

(2) 当 OBV 曲线运行超过前一次高点时，可视为短线买进信号；当 OBV 曲线运行低于前一拨低点时，可视为短线卖出信号。

(3) 若股价创新高，而 OBV 曲线也相应升至新高点，表明股市仍会继续上升趋势；反之，OBV 曲线随股价同时创新低，表示股价将继续目前的下跌趋势。

(4) 当 OBV 与股价背离时，若股价持续上升而 OBV 曲线已下降，则是卖出信号；若股价持续下跌而 OBV 曲线开始上升，则是买进信号。

(5) 形态学理论和切线理论同样适用于 OBV 指标的应用。

(6) 股价进入整盘状态后，若 OBV 曲线率先显露出脱离盘整的信号，如向上或向下突破，则表示股价即将变盘，OBV 指标在此项应用上成功率较大。

七、常用指标的切换

(1)在图区下方的快捷键显示栏中,可以显示投资者设置的常用指标(图3-16),使用鼠标单击可以查看下一个技术指标。

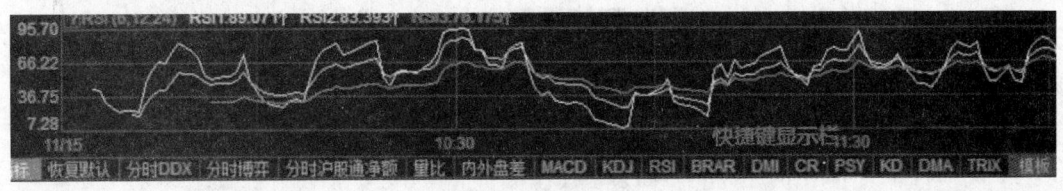

图3-16 窗口切换

(2)当图区内未出现需要查看的指标时,可以通过"加指标"达到查看目的,具体操作如图3-17所示。

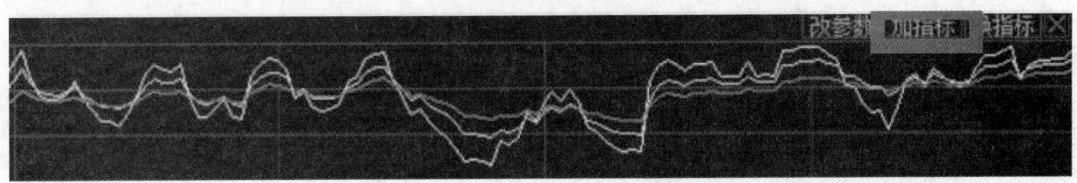

图3-17 加指标

单击"加指标"后出现如图3-18所示界面,选择需要查看的技术指标,点击确定,出现如图3-19所示界面,可以看到多项指标同列画面。

八、模拟实验

1. 请按下列要求进行选股操作或分析

(1)运用道氏理论分析目前上证综指走势。

(2)运用形态分析理论找到可以买入的3只股票、可以卖出的3只股票。

(3)选择3只股票,试画出其支撑线与压力线。

(4)分别使用 MACD、DK、RSI、BIAS、OBV 等指标选择股票,使用 ADL 指数分析大盘走势。

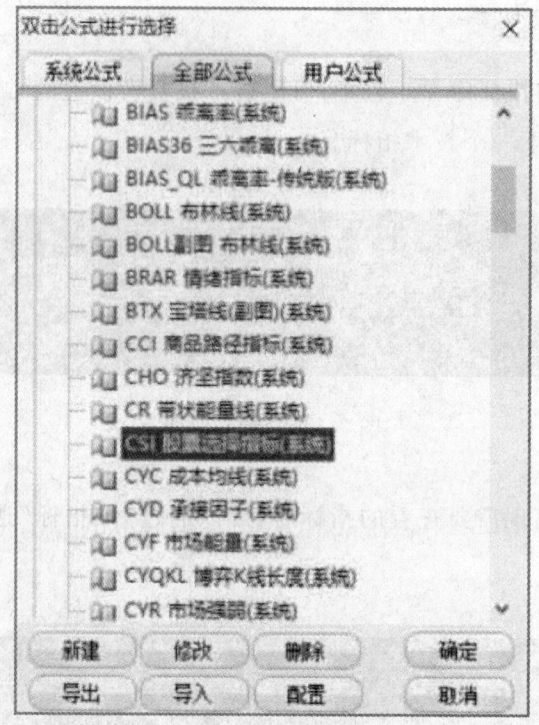

图 3-18 选择技术指标

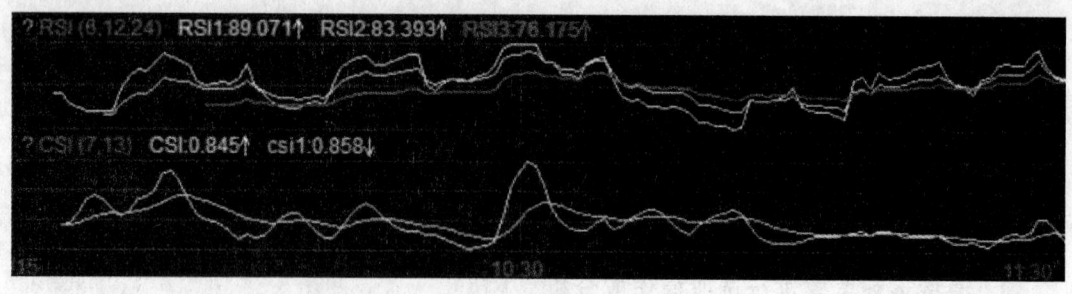

图 3-19 查看技术指标图形

2. 选出某只股票,如"中国石化"(证券代码:600028),要求学生利用下列技术指标分析其未来趋势

(1)MACD:如图 3-20 所示。

(2)KDJ:如图 3-21 所示。

(3)RSI:如图 3-22 所示。

(4)OBV:如图 3-23 所示。

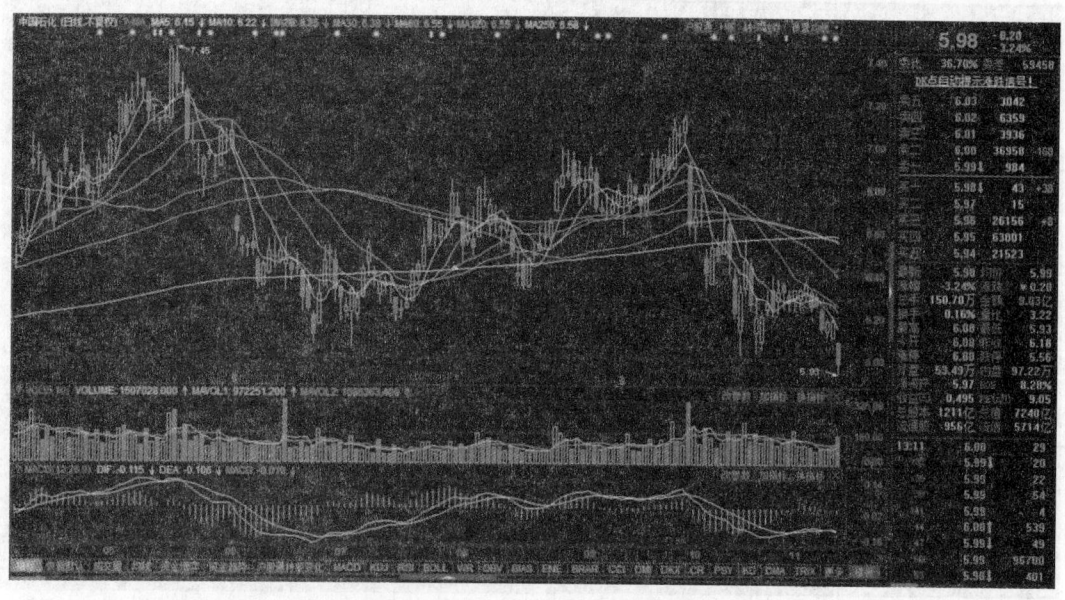

图 3-20 MACD 分析

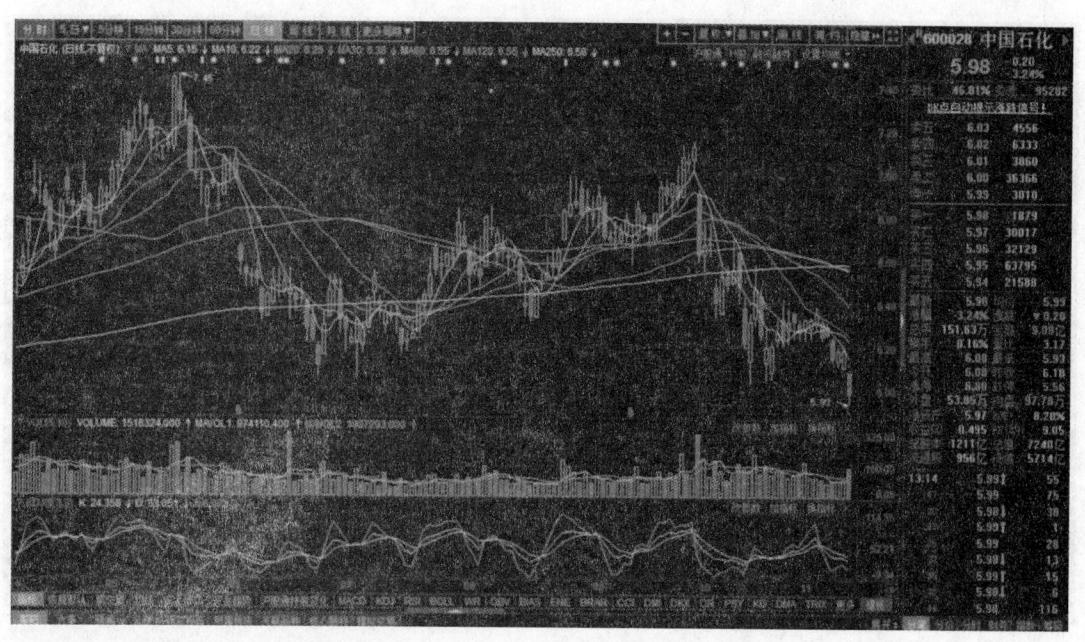

图 3-21 KDJ 分析

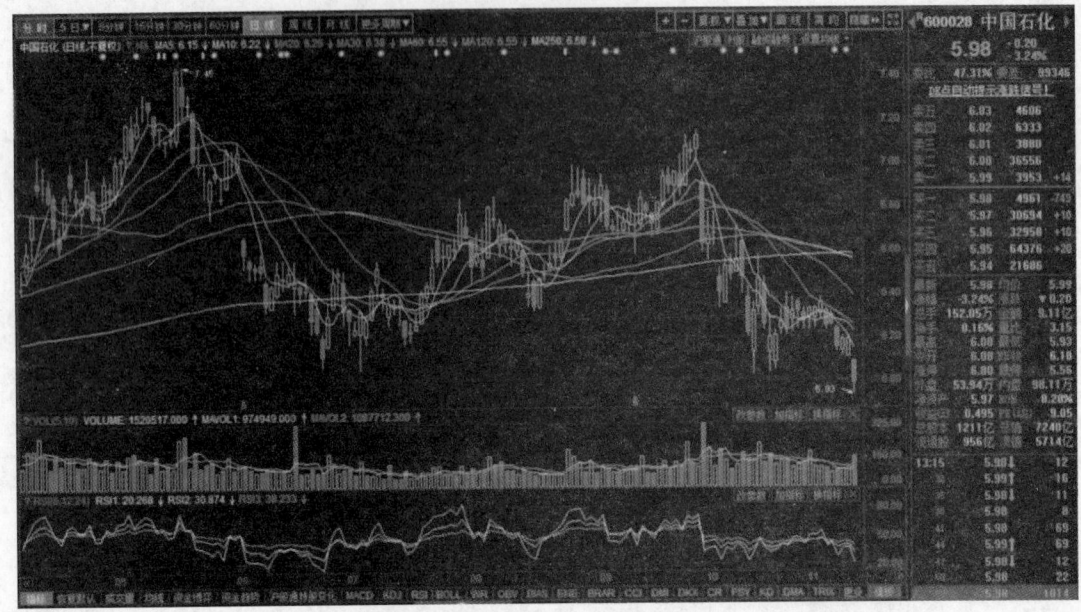

图 3-22 RSI 分析

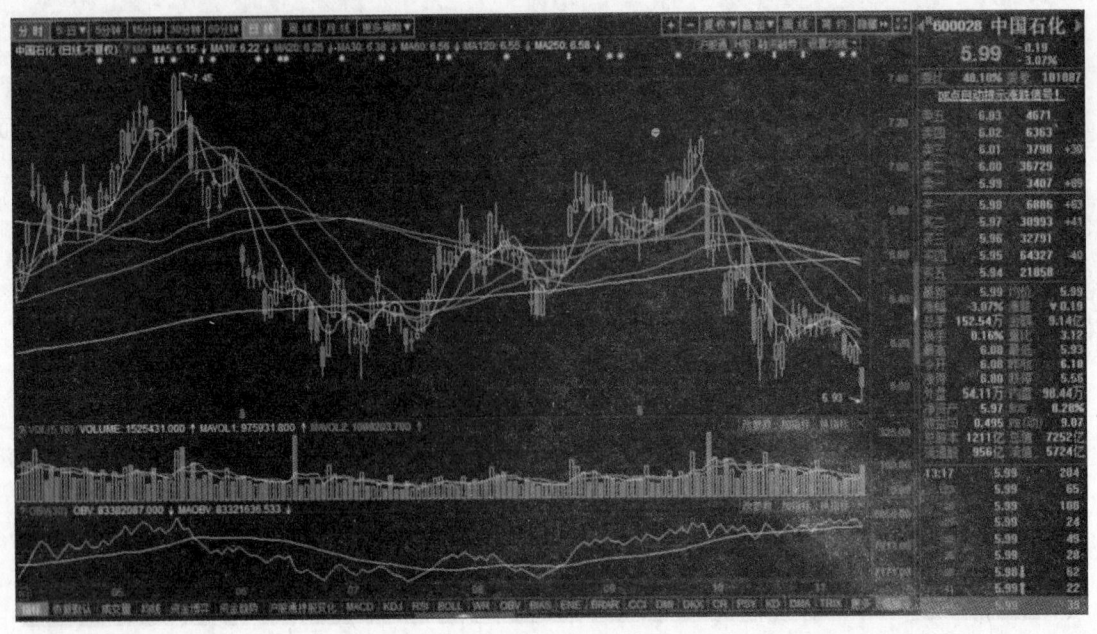

图 3-23 OBV 分析

3. 选择一个目标公司股票,综合运用平均线、K线、形态分析、技术指标等多种方法对大盘走势进行分析

分析内容主要为形态理论分析、趋势线分析、波浪理论、均线理论、量价分析和指标分析,并得出分析结论,预测公司未来发展趋势。

思考与练习

1. 根据道氏理论,成交量在股票下跌、上涨、整理趋势中分别有什么变化?试用大盘指数或个股加以说明。
2. 技术分析指标通常有哪些分类?在技术指标的使用中,应该注意哪些问题?
3. 如何运用相对强弱指标分析股价未来的走势?
4. 如何运用随机指数进行短期的超买、超卖分析?

第二节　基本面分析

一、实验导读

(1)学习通过专业网站,搜集宏观和行业分析所需要的信息,市场和资金面分析所需信息以及专家分析意见的方法,并且学习对信息进行分析的方法和对专家意见去伪存精的思路。

(2)学习利用证券投资分析软件提供的个股基本面信息,对个股的公司和财务状况进行分析的方法。

二、实验步骤

(1)宏观和行业分析。
(2)个股的公司经营状况和财务状况分析。

三、宏观经济分析

宏观经济分析的主要内容见表3-1~表3-6。

表 3-1 评价宏观经济形势的基本变量

国民经济总体指标	①GDP；②工业增加值；③失业率；④通货膨胀；⑤国际收支
投资指标	①政府投资；②企业投资
消费指标	①社会消费品零售总额；②城乡居民储蓄存款余额
金融指标	①货币供应量；②金融机构各项存贷款余额；③金融资产总量；④利率；⑤汇率和外汇储备
财政指标	①财政收入；②财政支出；③赤字或结余

表 3-2 分析宏观经济运行对证券市场的影响

GDP 变动	证券市场相应变动	GDP 变动对证券市场影响机制
持续、稳定、高速的 GDP 增长	证券价格上涨	公司经营绩效上升；投资者信心上升；居民收入上升
高通胀下的 GDP 增长	证券价格下跌	企业经营困难，居民收入降低
宏观调控下的 GDP 减速增长	证券价格平稳渐升	经济矛盾得到缓解，为进一步增长创造了有利条件
转折性的由负增长向正增长转变	证券价格由下跌转为上升	恶化的经济环境逐步得到改善
恶化的经济环境逐步得到改善，向高增长 GDP 变动	证券价格快速上涨	新一轮经济高速已经来临

表 3-3 分析经济周期变动对证券市场的影响

周期阶段	证券市场的表现
萧条时期	经济持续衰退至尾声，百业不振，投资者已远离股票市场，每日成交量寥寥无几。此时，那些有眼光而且在不停收集和分析有关经济形势并作出合理判断的投资者已在默默吸纳股票，股价已缓缓上升
复苏时期	当各种媒介开始传播，萧条已去，经济日渐复苏时，股价实际上已经升至一定水平。随着人们普遍认同以及投资者自身的境遇亦在不断改善，股市日渐活跃，需求不断扩大，股价不停地攀升，股价累创新高
高涨时期	而那些有识之士在综合分析经济形势的基础上，认为经济将不会再创热潮时，已悄然抛出股票，股价虽然还在上涨，但供需力量逐渐发生转变
衰退时期	当经济形势逐渐被更多的投资者所认识，供求趋于平衡直至供大于求时，股价便开始下跌，当经济形势发展按照人们预期走向衰退时，与上述相反的情况便会发生

表 3-4　分析通货变动对股票价格的影响

通货变动	对股票价格的影响
初期的税收效应、负债效应、存货效应、波纹效应	刺激股价上涨
温和的、稳定的通货膨胀	对股价影响较小
通货膨胀在可容忍范围内持续,经济处于景气阶段	股价将持续上升
严重的通货膨胀	股票价格下跌
通货膨胀造成的相对价格变化	获利公司股价上涨,受损公司股价下跌

表 3-5　分析人民币汇率变动对证券市场的影响

汇率变化	影响机理
汇率上升,本币贬值	本国产品竞争力强,出口型企业将增加收益,因而企业的股票和债券价格将上涨;相反,依赖于进口的企业成本增加,利润受损,股票和债券价格将下跌
	将导致资本流出本国,资本的流失将使得本国证券市场需求减少,从而股票市场价格下跌
	本币表示的进口商品价格提高,进而带动国内物价水平上涨,引起通货膨胀,通货膨胀对证券市场的影响需根据当时的经济形势和具体企业以及政策的对策行为进行分析
汇率稳定	为维持汇率稳定,政府可能动用外汇储备,抛售外汇,从而将减少本币的供应量,使得证券市场价格下跌,直至汇率回落恢复均衡,反面效应可能使证券价格回升
	政府可能利用债市与汇市联动操作达到既控制汇率的升势又不减少货币的供应量,即抛售外汇,同时回购国债,则将使得国债市场价格上扬

表 3-6　分析宏观经济政策对证券市场的影响

政策	手段	种类	效应
财政政策	①国家预算;②税收;③国债;④财政补贴;⑤财政管理体制;⑥转移支付制度	①扩张性财政政策;②紧缩性财政政策;③中性财政政策	①扩张性财政政策刺激经济发展,证券市场将走强;②紧缩性财政政策将使得过热的经济受到控制,证券市场也将走弱
货币政策	①法定存款准备金率;②再贴现政策;③公开市场业务;④直接信用控制;⑤间接信用指导	①紧的货币政策;②松的货币政策	①从紧的货币政策,证券价格下降;②松的货币政策,证券价格上升

四、行业分析

行业分析的主要内容见表 3-7～表 3-10。

表 3-7 掌握行业划分的方法

标准行业分类	共分为 10 个门类：①农业、畜牧狩猎业、林业和渔业；②采矿业及土石采掘业；③制造业；④电、煤气和水；⑤建筑业；⑥批发和零售业、饮食和旅馆业；⑦运输、仓储和邮电通信业；⑧金融、保险、房地产和工商服务业；⑨政府、社会和个人服务业；⑩其他
我国国民经济行业的分类	共分为 16 类：①农、林、牧、渔业；②采掘业；③制造业；④电气、煤气及水的生产和供应业；⑤建筑业；⑥地质勘查业、水利管理业；⑦交通运输、仓储及邮电通信业；⑧批发和零售贸易、餐饮业；⑨金融保险业；⑩房地产业；⑪社会服务业；⑫卫生、体育和社会福利业；⑬教育、文化艺术及广播业；⑭科学研究和综合技术服务业；⑮国家机关、党政机关；⑯其他行业
我国上市公司的行业分类	共分为 13 类：①农、林、牧、渔业；②采掘业；③制造业；④电气、煤气及水的生产和供应业；⑤建筑业；⑥交通运输、仓储业；⑦信息技术业；⑧批发和零售贸易；⑨金融、保险业；⑩房地产业；⑪社会服务业；⑫传播与文化产业；⑬综合业

表 3-8 分析行业的市场结构

比较项目	完全竞争	垄断竞争	寡头垄断	完全垄断
生产者特点	众多	众多	相对少量	独家企业
生产资料特点	完全流动	可以流动	很难流动	不流动
产品特点	同质、无差别	存在差别	—	—
价格特点	企业接受价格而不能制定价格	对价格有一定的控制力	对价格具有垄断能力	垄断定价，但受到法律管制
典型行业	初级产品	制成品	资本密集型、技术密集型产品	公用事业和资本、技术高度密集型或稀有金属矿藏开采

表 3-9 分析行业对经济周期的敏感度

比较项目	与经济周期关系	产生原因	典型行业
增长型行业	无关	依靠技术进步、新产品推出、更优质的服务	计算机
周期性行业	相关	需求收入弹性较高	消费品、耐用品制造
防守型行业	不受经济周期的影响,处于衰退阶段	产品需求相对稳定	食品业、公用事业

表 3-10 分析行业生命周期

阶段	特点	典型行业
幼稚期	①只有为数不多的创业公司投资于这个新兴的产业;②创业公司财务上可能不但没有盈利,反而普遍亏损;③企业还可能因财务困难而引发破产的危险,因此,这类企业更适合投机者而非投资者;④在幼稚期后期,随着行业生产技术的提高、生产成本的降低和市场需求的扩大,新行业便逐步由高风险、低收益的初创期转向高风险、高收益的成长期	遗传工程行业
成长期	①新行业的产品经过广泛宣传和消费者的试用,逐渐以其自身的特点赢得了大众的欢迎或偏好,市场需求开始上升,新行业也随之繁荣起来;②新行业出现了生产厂商和产品相互竞争的局面,这种状况会持续数年或数十年,由于这一原因,这一阶段有时被称为投资机会时期;③这种状况的继续将导致生产厂商随着市场竞争的不断发展和产品产量的不断增加,市场的需求日趋饱和,生产厂商不能单纯地依靠扩大生产量、提高市场的份额来增加收入,而必须依靠追加生产,提高技术,降低成本,以及研制和开发新产品的方法来争取竞争优势,战胜竞争对手和维持企业的生存;④这一时期企业的利润虽然增长很快,但所面临的竞争风险也非常大,破产率与被兼并率相当高;⑤在成长期的后期,市场上生产厂商的数量在大幅度下降之后便开始稳定下来	成长阶段初期,家用计算机行业;成长阶段中期,医疗服务行业;成长阶段后期,大规模计算机和快餐服务行业
成熟期	①厂商与产品之间的竞争手段逐渐从价格手段转向各种非价格手段,如提高质量、改善性能和加强售后维修服务等;②行业的利润由于一定程度的垄断达到了很高的水平,而风险却因市场比例比较稳定,新企业难以打入成熟期市场而较低	石油冶炼、超级市场、公用电力
衰退期	①原行业出现了厂商数目减少,利润下降的萧条景象;②市场逐渐萎缩,利润率停滞或不断下降。当正常利润无法维持或现有投资折旧完毕后,整个行业便逐渐解体了	纺织业和采矿业

五、实验内容

1. 中国宏观经济指标观察与分析

进入东方财富通主窗口,选择"数据"—"宏观数据"(图3-24),可以看到下级菜单中一系列的宏观经济指标(如CPI、PPI、GDP、PMI等)。选择某一宏观经济指标单击"进入",可以看到该经济指标的历史数据及其走势图。

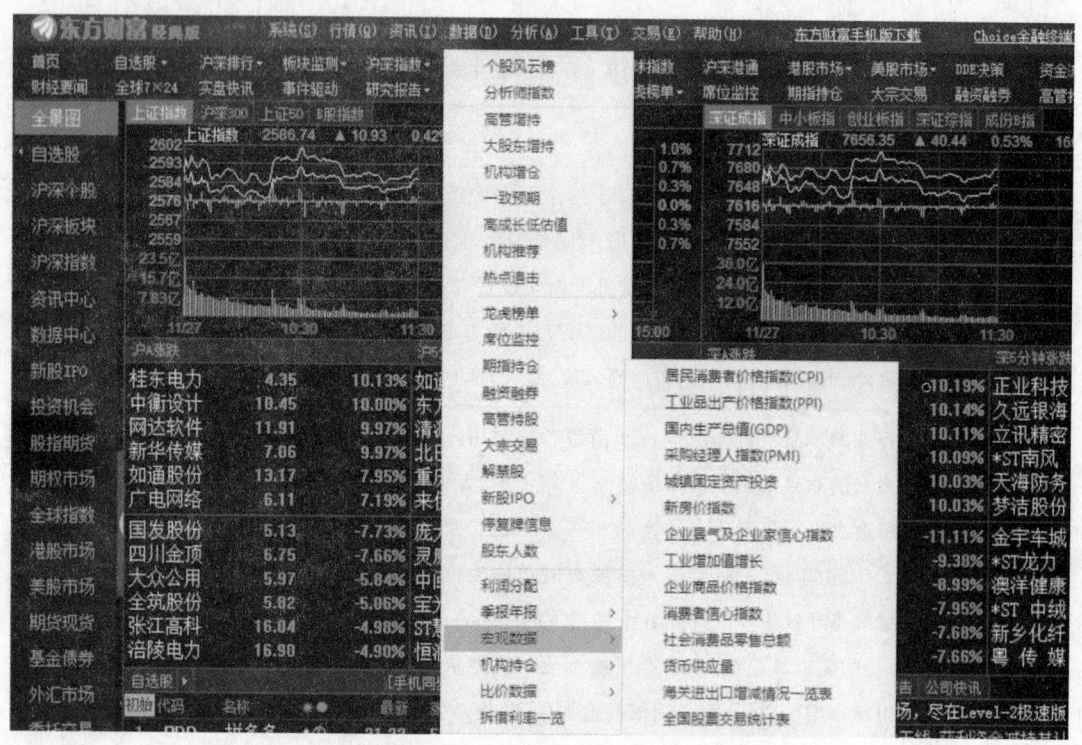

图3-24 宏观经济指标查询

2. 行业相关信息查询

(1)当日行业涨幅查询。进入东方财富通行业分析系统,单击"分析"—"板块检测",可观察行业涨幅及行业个股排名(图3-25)。

(2)行业信息查询。打开东方财富通系统,单击"资讯"—"行业资讯",出现如图3-26、图3-27所示界面,可查询最新行业信息及其他资讯。

(3)行业研究报告查询:http://data.eastmoney.com/report/hyyb.html,如图3-28所示。

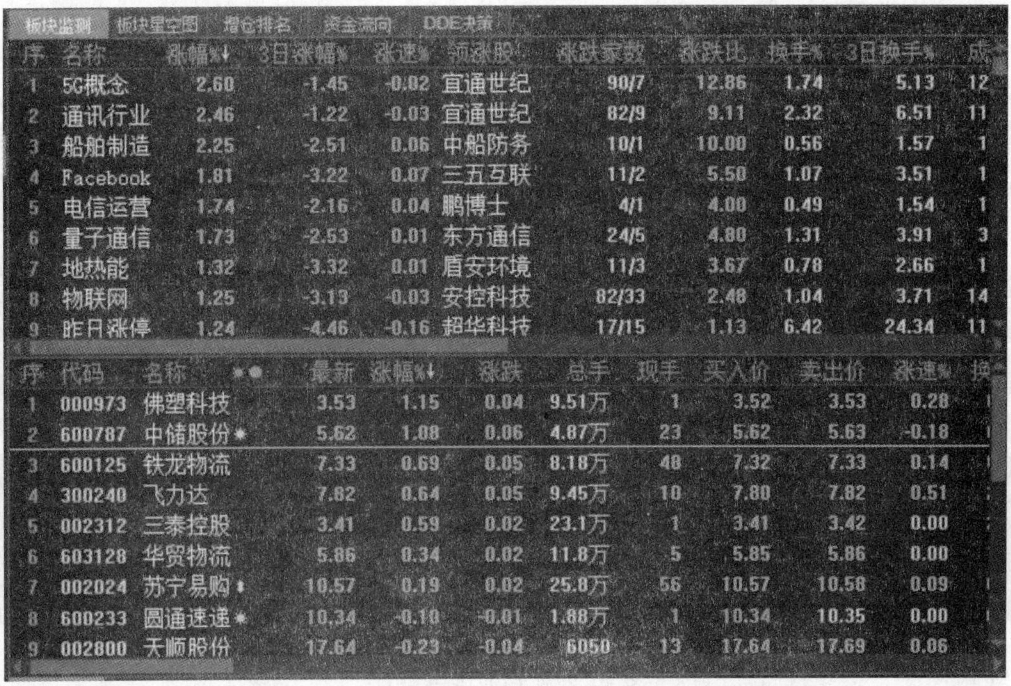

图 3-25 行业涨幅排名

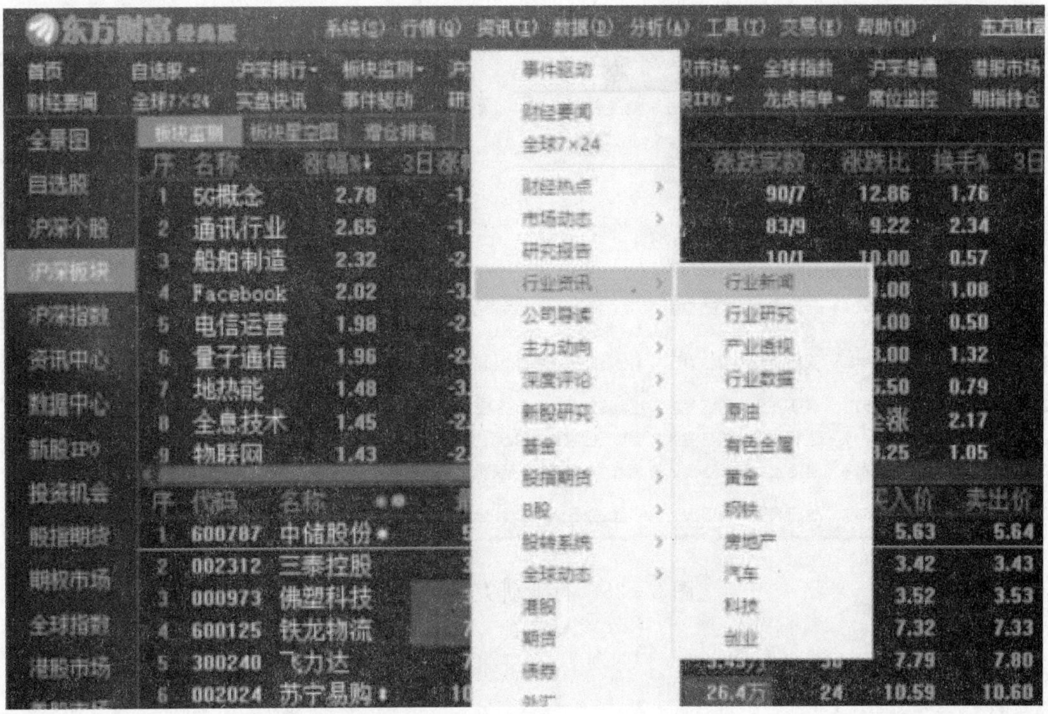

图 3-26 行业资讯查询

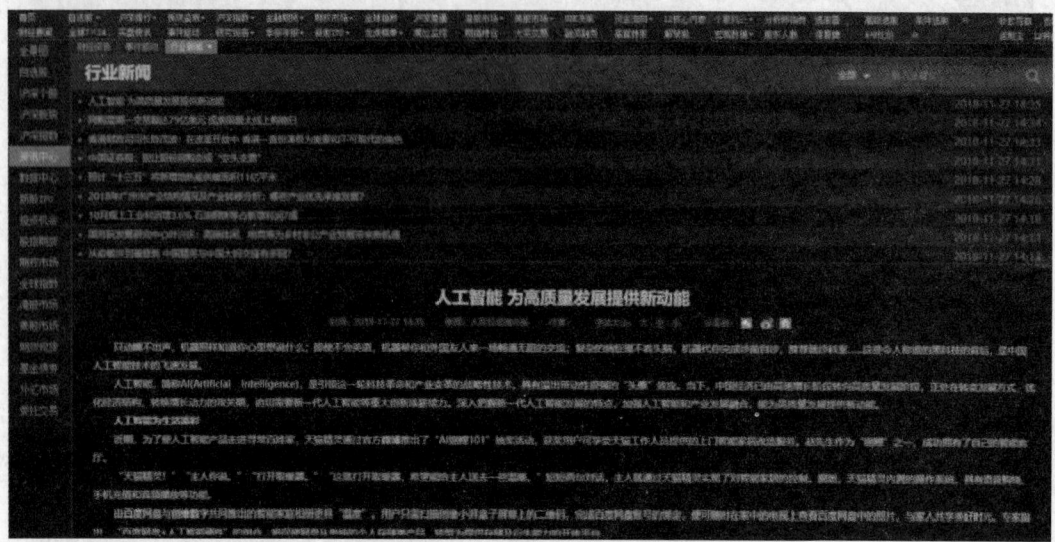

图3-27 行业资讯信息

图3-28 行业研究报告查询

思考与练习

1. 对于经济处于严重衰退时,应采用怎样的货币政策与财政政策?
2. 搜集我国通货膨胀率的数据,分析其对证券市场的影响。
3. 整理我国存款准备金变化数据,分析存款准备金变化对证券市场的影响。
4. 选定两个你感兴趣的行业搜集其相关数据,并进行比较分析。
5. 讨论不同行业的证券市场表现与其经营业绩水平是否一致,并说明原因。

第三节 个股的详细信息

一、查看个股详细信息

每只股票对应的是一个上市公司,股票价格的高低是由该公司的业绩决定的,这也就是人们所说的价值投资,只要该股票业绩优良,每年分红很多,那么就可以长期持有它。接下来将会介绍如何查看一只股票的业绩。

在界面输入"600000"浦发银行代码,即可进入浦发银行的个股界面,单击右侧信息条中的F10资料,将会出现如图3-29所示的公司信息窗口。在图3-29中上方栏目中有:操盘必读、股东研究、经营分析、核心题材、新闻公告、公司大事、公司概况、同行比较、盈利预测、研究报告、财务分析、分红融资、股本结构、公司高管、资本运作和关联个股共16个栏目。

1. 操盘必读

这个栏目清晰简要地给出了公司最新财务指标及公司的新消息。在这个栏目中每股收益、净资产和目前流通股是对股价涨跌最有影响力的指标。对非权重指标股而言,每股收益高、净资产高、流通盘小、股价就会较高。如果分配有高送配股,也会受到市场追捧。

曾用名一栏也很重要,一家上市公司,如果曾用名过多,不管它现在经营状况如何,至少说明它的历史盈利状况不稳定,经常需要重组来改变公司状况,一定要引起重视。

2. 股东研究

单击"股东研究"一栏,会显示目前的股东人数、持股比例、流通股、股东等基本情

图 3-29 浦发银行 F10 资料栏

况。股票价格通常与股东人数成反比,股东人数越少代表筹码越集中,股价越有可能上涨。从图 3-30 所示界面来看,目前浦发银行股东人数在稳步上升,则其筹码集中度相对下降,显示股价也在逐年下降。

3. 经营分析

这个表主要反映了公司的主营构成,包括公司产品在全国范围内的主营业务收入、主营利润、利润比例和毛利率等信息。如图 3-31 所示是浦发银行的最新主营构成。

4. 公司大事

本栏目主要有大事提醒、重大事项、股东持股变动、高管持股变动等信息。如图 3-32 所示是浦发银行的大事提醒栏目。

5. 公司概况

本栏目清楚地介绍了公司的基本信息。如图 3-33 所示是浦发银行的公司概况。

6. 财务分析

图 3-34 主要介绍公司的净利润、净利润增长率、净资产收益率等指标。
净资产收益率的高低表明公司盈利能力的强弱。

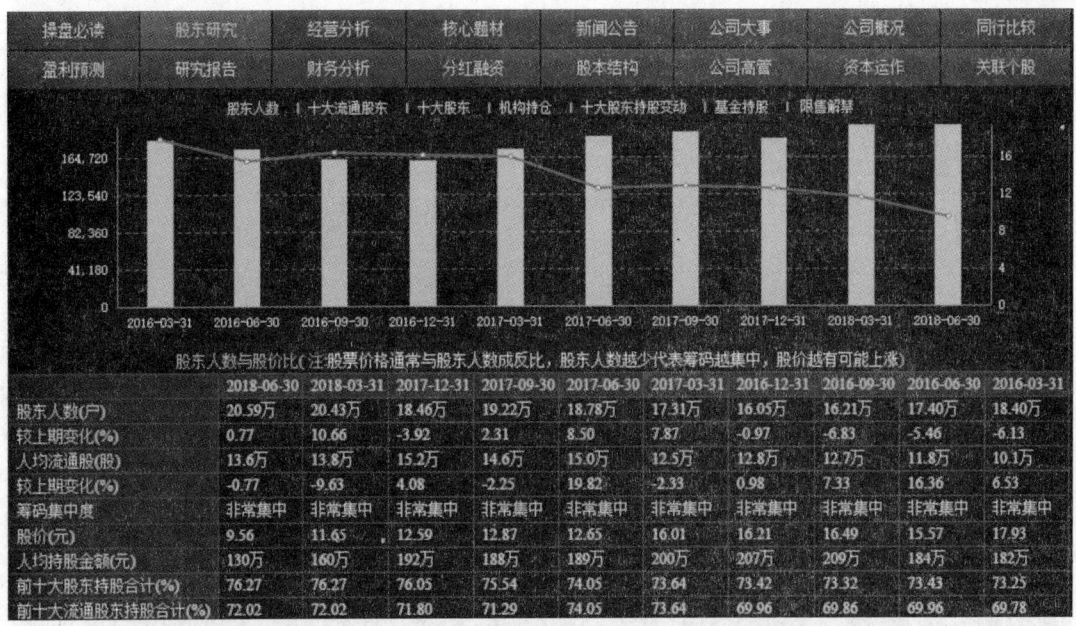

图 3-30 浦发银行控盘情况

图 3-31 浦发银行最新主营构成

操盘必读	股东研究	经营分析	核心题材	新闻公告	公司大事	公司概况	同行比较
盈利预测	研究报告	财务分析	分红融资	股本结构	公司高管	资本运作	关联个股

大事提醒 | 重大事项 | 限售解禁 | 十大股东持股变动 | 高管持股变动 | 龙虎榜单 | 大宗交易 | 融资融券

▸ 大事提醒

最近除权除息:	2017年年报–10派1.00元(含税,扣税后0.90元) 股权登记日:2018-07-12 除权除息日:2018-07-13 派息日:2018-07-13	2018-07-06
最近分配方案:	2018年半年报–不分配不转增	2018-08-30
最近股东大会:	2018年临时股东大会将于2018年09月28日召开	2018-09-12
最新公司公告:	600000:浦发银行关于2018年第二期二级资本债券发行完毕的公告	2018-09-20
最新公司新闻:	首批25家银行进网贷平台存管"白名单"还有52家"未过关"	2018-09-22

▸ 重大事项

股权质押 | 对外担保 | 诉讼仲裁 | 违规处理

公告日期	2014-03-24	2002-12-31
股东名称	雅戈尔投资有限公司	上海外高桥保税区开发股份有限公司
质押方	厦门国际信托有限公司	中国工商银行外高桥保税区支行
是否质押式回购	否	否
质押股数(万股)	1,200.00	4,000.00
占总股本比例(%)	0.06%	1.11%
占股东持股比例(%)	7.23%	66.67%
质押起始日	2013-07-30	2001-12-13
质押截止日	2014-03-24	2002-12-12
解押日期	2014-03-24	2002-12-12

图 3－32　浦发银行大事提醒栏目

▸ 基本资料

公司名称	上海浦东发展银行股份有限公司		
英文名称	Shanghai Pudong Development Bank Co.,Ltd.		
曾用名	浦发银行->G浦发		
A股代码	600000	A股简称	浦发银行
B股代码	–	B股简称	–
H股代码	–	H股简称	–
证券类别	上交所主板A股	所属东财行业	银行
上市交易所	上海证券交易所	所属证监会行业	金融业-货币金融服务
总经理	刘信义	法人代表	高国富
董秘	谢伟	董事长	高国富
证券事务代表	杨国平,吴蓉	独立董事	华仁长,王喆,乔文骏,张鸣,袁志刚,陈维中
联系电话	021-63611226	电子信箱	bdo@spdb.com.cn
传真	021-63230807	公司网址	www.spdb.com.cn
办公地址	上海市中山东一路12号,香港中环夏悫道12号美国银行中心15及24楼	注册地址	上海市中山东一路12号
区域	上海	邮政编码	200002
注册资本(元)	294亿	工商登记	9131000013221158XC
雇员人数	50189	管理人员人数	27
律师事务所	上海市锦天城律师事务所	会计师事务所	普华永道中天会计师事务所(特殊普通合伙)

图 3－33　浦发银行公司概况

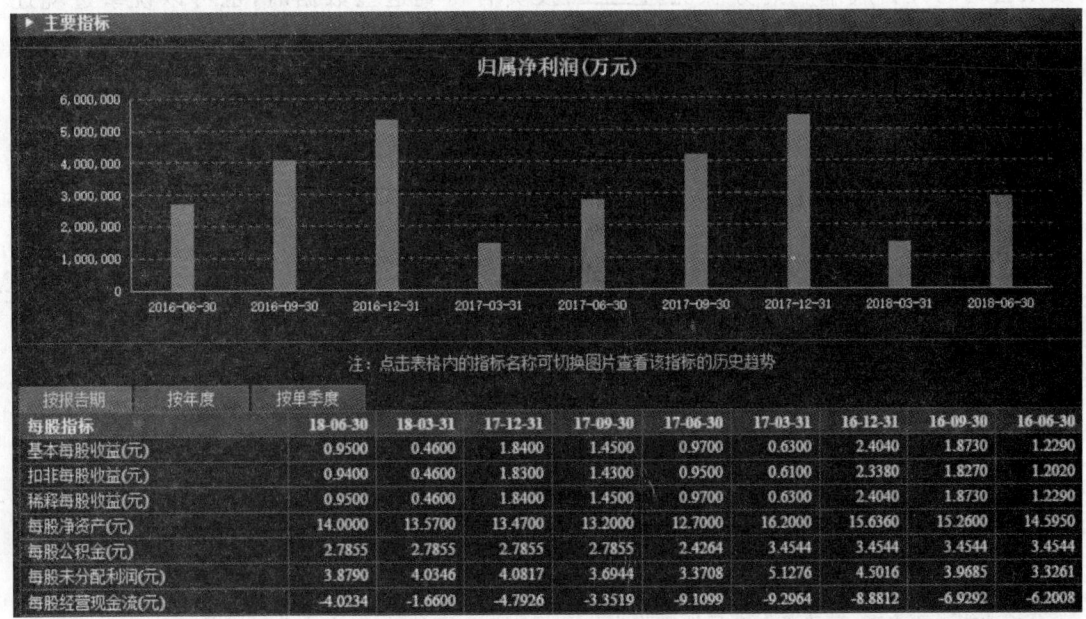

图 3-34 财务分析

净利润增长率的高低表明公司增长能力的强弱、前景的好坏。

资产负债比率的高低表明公司负债多少、偿债压力的大小。

净利润现金含量的高低表明公司收益质量的好差、现金流量的强弱。

7. 其他

(1)分红融资：主要包括该股历史上的分红扩股情况及融资回报情况等。

(2)股本结构：包括总股本、已上市流通 A 股等关于股本的数据，以及历年股本变更状况。

(3)公司高管：主要包括公司从董事长到监事的基本情况，包括姓名、年龄、学历和职务。

(4)资本运作：本栏目包括了上市公司筹集资金的情况和使用情况。

(5)关联个股：本栏目主要包括同行业的个股排名。

二、公司财务分析

投资者决定投资某公司股票之前，必须先研读该公司的财务报表。尽管对于股票估值来说，经济收入比会计收入更重要，但财务报表是决定股价定位的基础，其重要性是毋庸置疑的。另外，财务会计数据容易得到。当然，财务报表也不是万能的，它只能反映公司的经营成果和财务状况,甚至当投资者得到这些数据时,也可以说事过境迁(财务报表存在滞后性)。因此,投资者应对该公司公开的一系列资料加以收集和分析。只有通过对上市公司的财务资料、业务资料、投资项目、市场状况等资料进行全面综合分析,才能估计该公司股票的内在价值,借以判断股票在市场上定价是否恰当。表3-11~表3-14是相关财务分析的相关内容。

表3-11 学会使用公司主要财务报表

分析内容	资产负债表	损益表	现金流量表
时间特点	公司在某一特定时点的静态报告	一定时期内的动态报告	从期初到期末的动态变化过程
主要作用	反映资产、负债之间的平衡关系	揭示公司获取利润能力的大小、潜力及经营趋势	提供现金及现金等价物流入和流出的信息
分析功能	对公司的偿债能力、资本结构是否合理、流动资金充足性等作出判断	对公司在行业中竞争地位、持续发展能力作出判断	判断公司的支付能力及公司对外部资金的需求情况

表3-12 把握财务分析的内容

分析对象	作用
偿债能力分析	分析企业权益的结构,估量对债务资金的利用程度,制定企业筹资策略
营运能力分析	分析企业资产的分布情况和周转使用情况,测算企业未来的资金需求量
盈利能力分析	分析企业利润目标的完成情况和不同年度盈利水平的变动情况,预测企业盈利前景
财务状况的综合分析	从总体上评价企业的资金、实力,分析各项财务活动的相互联系和协调情况,揭示企业财务活动方面的优势和薄弱环节,找出改进理财工作的主要矛盾

表3-13 掌握财务分析的基本方法

方法	作用
比率分析法	利用会计报表及有关财会资料中两项相关数值的比率,揭示企业财务状况和经营成果的一种分析方法
比较分析法	通过某项财务指标与性质相同的指标评价标准进行对比,揭示企业财务状况和经营成果的一种分析方法
趋势分析法	利用会计报表提供的数据资料,将各期实际指标与历史指标进行定基对比和环比对比,揭示企业财务状况和经营成果变化趋势的一种分析方法

表 3-14 掌握财务分析常用的相关比率

比率	相关指标
反映偿债能力的比率	①流动比率；②速动比率；③现金比率；④资产负债率；⑤有形资产负债率；⑥产权比率；⑦已获利息倍数
反映营运能力的比率	①应收账款周转率；②存货周转率
反映获利能力的比率	①销售净利润率；②资产净利润率；③资本收益率；④净资产收益率；⑤每股股利；⑥市盈率

三、实验内容

由于财务分析的内容较多，在本实验中以浦发银行（600000）为例，对其基本情况进行了解，实验采用东方财富通软件。

(1)公司基本信息查询。进入东方财富通软件的主界面，输入浦发银行的代码600000，进入个股界面。选择F10或者个股左侧的资料，在资讯画面中可以看到公司概况、经营分析、财务分析、盈利预测、同行比较等公司重要的资料信息。如选择上面标签中的公司概况，可以看到公司的名称、法人代表、上市日期、行业分类、注册资本和经营范围等一系列基本信息（图3-35、图3-36）。从图3-35中可以得知，浦发银行（600000）成立于1992年10月19日，注册资本为294亿元人民币，所属行业为金融业-货币金融行业。从图3-36中可以得知浦发银行发行的相关信息。

(2)重要经营数据。在进行财务分析之前，首先对公司的重要经营数据进行查询，选择左边深度中的财务数据F9（图3-37），资讯画面中提供了公司的财务摘要、资产负债表、现金流量表、利润表等重要的经营数据。图3-38为浦发银行近两年的财务摘要。

(3)资产负债表、损益表、现金流量表是公司的三大会计报表，三张报表三维立体地展现公司的财务状况，多角度地反映公司的资产质量和经营业绩。图3-39、图3-40和图3-41分别为浦发银行2013—2017年的资产负债表、利润表和现金流量表。

(4)公司最新动态查询。进入东方财富网个股股吧（http://guba.eastmoney.com/list,600000.html），可查询公司最新动态，以及投资者对个股的评论（图3-42）。

600000 浦发银行 最新价：10.49 涨跌：-0.01 涨跌幅：-0.10 换手：0.05% 总手：150847 金额：15885.33万

操盘必读	股东研究	经营分析	核心题材	新闻公告	公司大事	公司概况	同行比较
盈利预测	研究报告	财务分析	分红融资	股本结构	公司高管	资本运作	关联个股

基本资料 | 发行相关

▸ 基本资料

公司名称	上海浦东发展银行股份有限公司		
英文名称	Shanghai Pudong Development Bank Co.,Ltd.		
曾用名	浦发银行->G浦发		
A股代码	600000	A股简称	浦发银行
B股代码	--	B股简称	--
H股代码	--	H股简称	--
证券类别	上交所主板A股	所属东财行业	银行
上市交易所	上海证券交易所	所属证监会行业	金融业-货币金融服务
总经理	刘信义	法人代表	高国富
董秘	谢伟	董事长	高国富
证券事务代表	杨国平,吴蓉	独立董事	王喆,乔文骏,张鸣,袁志刚
联系电话	021-63611226	电子信箱	bdo@spdb.com.cn
传真	021-63230807	公司网址	www.spdb.com.cn
办公地址	上海市中山东一路12号,香港中环夏悫道12号美国银行中心15及24楼	注册地址	上海市中山东一路12号
区域	上海	邮政编码	200002
注册资本(元)	294亿	工商登记	9131000013221158XC
雇员人数	50189	管理人员人数	26
律师事务所	上海市锦天城律师事务所	会计师事务所	普华永道中天会计师事务所(特殊普通合伙)
公司简介	上海浦东发展银行股份有限公司(以下简称:浦发银行)是1992年8月28日经中国人民银行批准设立、1993年1月9日开业，1999年在上海证券交易所挂牌上市(股票交易代码:600000)的全国性股份制商业银行,总行设在上海。秉承"笃守诚信,创造卓越"的核心价值观,浦发银行积极探索金融创新,资产规模持续扩大,经营实力不断增强。近年来,浦发银行加快国际化、综合化经营发展,以香港、新加坡分行开业、伦敦代表处、浦银国际成立为标志,迈出国际化经营的实质性步伐,以投资设立浦发村镇银行、浦银金融租赁有		

图 3-35　浦发银行公司概况

▸ 发行相关

成立日期	1992-10-19	上市日期	1999-11-10
发行市盈率(倍)	26.3	网上发行日期	1999-09-23
发行方式	网下定价发行	每股面值(元)	1.00
发行量(股)	4.00亿	每股发行价(元)	10.00
发行费用(元)	4500万	发行总市值(元)	40.0亿
募集资金净额(元)	39.6亿	首日开盘价(元)	29.50
首日收盘价(元)	27.75	首日换手率	54.40%
首日最高价(元)	29.80	网下配售中签率	--
定价中签率	1.42%		

图 3-36　股票发行相关信息

(5)公司研究报告查询。相关公司研究报告可在东方财富网查询(图 3-43)。东方财务网址：http://data.eastmoney.com/report/600000.html。

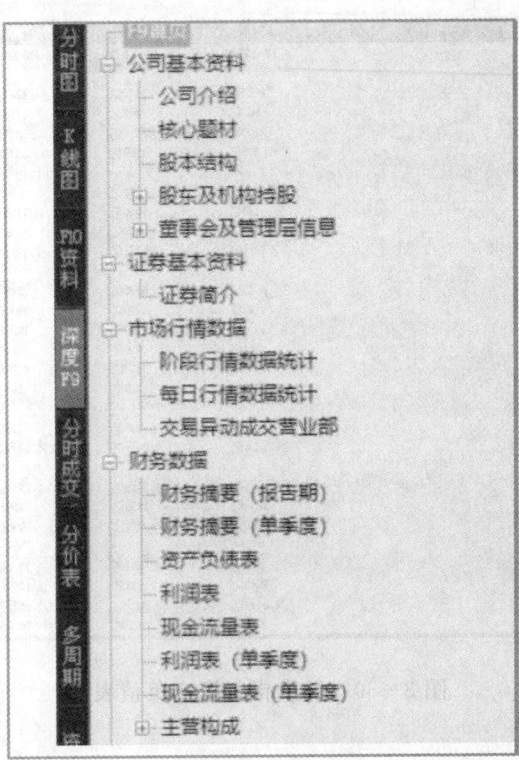

图 3-37 深度财务数据

600000 财务摘要（单季度）							
报告期日期	18-09-30	18-06-30	18-03-31	17-12-31	17-09-30	17-06-30	17-03-31
单季度财务指标							
单季度.每股收益(元)	0.5000	0.4860	0.4874	0.4213	0.4800	0.4876	0.6690
单季度.销售毛利率(%)	—	—	—	—	—	—	—
单季度.销售净利率(%)	32.92	33.88	36.49	28.75	33.50	33.85	34.58
单季度.摊薄净资产收益率ROE(%)	3.27	3.28	3.35	2.93	3.41	3.57	3.87
单季度.摊薄总资产净利率ROA(%)	0.24	0.24	0.24	0.21	0.23	0.24	0.25
单季度财务摘要							
单季度.营业总收入(元)	449亿	426亿	396亿	431亿	414亿	411亿	429亿
单季度.营业总成本(元)	281亿	256亿	225亿	275亿	235亿	234亿	240亿
单季度.营业收入(元)	449亿	426亿	396亿	431亿	414亿	411亿	429亿
单季度.营业成本(元)	0	0	—	0	0	0	—
单季度.营业利润(元)	168亿	171亿	171亿	157亿	180亿	177亿	190亿
单季度.利润总额(元)	167亿	171亿	171亿	151亿	180亿	177亿	190亿
单季度.净利润(元)	148亿	144亿	145亿	126亿	139亿	139亿	146亿
单季度.归属母公司股东的净利润(元)	146亿	143亿	143亿	124亿	137亿	137亿	145亿
单季度.经营活动产生的现金流量(元)	-2440亿	-694亿	-487亿	-423亿	1576亿	-551亿	-2010亿
单季度.投资活动产生的现金流量(元)	2084亿	667亿	1155亿	-143亿	-1186亿	914亿	792亿
单季度.筹资活动产生的现金流量(元)	838亿	-53.8亿	-444亿	956亿	-815亿	-280亿	187亿
单季度.现金及现金等价物净增加(元)	505亿	-67.7亿	216亿	386亿	-432亿	79.1亿	-1033亿

图 3-38 浦发银行财务摘要

600000 资产负债表					
报告期日期	17-12-31	16-12-31	15-12-31	14-12-31	13-12-31
资产:					
现金及存放中央银行款项(元)	4865亿	5172亿	4812亿	5061亿	4763亿
存放同业和其它金融机构款项(元)	963亿	2342亿	1114亿	1423亿	2333亿
贵金属(元)	103亿	95.5亿	287亿	117亿	33.5亿
拆出资金(元)	808亿	1189亿	1378亿	220亿	268亿
交易性金融资产(元)	—	—	—	—	—
衍生金融资产(元)	283亿	162亿	106亿	26.1亿	19.5亿
买入返售金融资产(元)	140亿	30.0亿	1102亿	1962亿	2900亿
应收利息(元)	311亿	229亿	204亿	173亿	147亿
发放贷款及垫款(元)	3.10万亿	2.67万亿	2.17万亿	1.97万亿	1.73万亿
代理业务资产(元)	—	—	—	—	—
可供出售金融资产(元)	6645亿	6205亿	2548亿	2222亿	1617亿
持有至到期投资(元)	4447亿	3270亿	2397亿	1217亿	1463亿
长期股权投资(元)	10.1亿	9.49亿	16.0亿	14.8亿	11.4亿
固定资产(元)	251亿	216亿	191亿	139亿	88.7亿
无形资产(元)	33.0亿	34.0亿	8.79亿	8.58亿	7.58亿
递延所得税资产(元)	290亿	218亿	144亿	107亿	93.8亿
投资性房地产(元)	—	—	—	—	—
其他资产(元)	1146亿	692亿	516亿	406亿	265亿
资产总计(元)	6.14万亿	5.86万亿	5.04万亿	4.20万亿	3.68万亿
负债:					
同业和其它金融机构存放款项(元)	1.31万亿	1.34万亿	1.04万亿	7615亿	7125亿
向中央银行借款(元)	1824亿	1476亿	236亿	210亿	6.01亿
拆入资金(元)	1388亿	971亿	996亿	631亿	620亿
交易性金融负债(元)	—	—	—	—	—
衍生金融负债(元)	300亿	131亿	73.2亿	33.0亿	38.5亿
卖出回购金融资产款(元)	1845亿	932亿	1192亿	682亿	796亿
吸收存款(元)	3.04万亿	3.00万亿	2.95万亿	2.79万亿	2.42万亿
应付职工薪酬(元)	79.1亿	64.3亿	56.8亿	57.0亿	62.7亿

图3-39 浦发银行资产负债表

600000 利润表					
报告期日期	17-12-31	16-12-31	15-12-31	14-12-31	13-12-31
一、营业收入:					
营业收入(元)	1686亿	1608亿	1466亿	1232亿	1000亿
利息净收入(元)	1069亿	1081亿	1130亿	982亿	852亿
利息收入(元)	2458亿	2148亿	2283亿	2120亿	1778亿
减:利息支出(元)	1389亿	1067亿	1152亿	1138亿	926亿
手续费及佣金净收入(元)	456亿	407亿	278亿	213亿	139亿
手续费及佣金收入(元)	508亿	432亿	293亿	223亿	146亿
减:手续费及佣金支出(元)	51.9亿	25.4亿	15.2亿	9.75亿	6.69亿
投资收益(元)	136亿	70.3亿	4.61亿	-2.62亿	8.20亿
其中:对联营企业和合营企业的投资收益(元)	9700万	1.80亿	1.59亿	8200万	1.06亿
公允价值变动收益(元)	-38.0亿	28.1亿	29.9亿	22.6亿	-15.7亿
汇兑收益(元)	27.2亿	-5.28亿	-7.13亿	-5300万	7.67亿
其他业务收入(元)	26.1亿	26.6亿	30.0亿	17.1亿	9.12亿
二、营业支出:					
营业支出(元)	983亿	911亿	805亿	614亿	465亿
营业税金及附加(元)	16.1亿	44.4亿	89.8亿	81.5亿	68.1亿
管理费用(元)	410亿	372亿	320亿	285亿	258亿
资产减值损失(元)	553亿	491亿	388亿	242亿	131亿
其他业务成本(元)	4.02亿	3.46亿	6.78亿	6.15亿	7.75亿
三、营业利润:					
营业利润(元)	703亿	697亿	661亿	618亿	535亿
加:营业外收入(元)	1.97亿	4.59亿	9.83亿	4.43亿	4.44亿
减:营业外支出(元)	6.44亿	1.44亿	1.73亿	1.64亿	1.18亿
四、利润总额:					
利润总额(元)	698亿	700亿	669亿	620亿	538亿
减:所得税(元)	148亿	163亿	159亿	147亿	126亿
五、净利润:					
净利润(元)	550亿	537亿	510亿	474亿	412亿
减:少数股东损益(元)	7.44亿	5.79亿	3.93亿	3.34亿	2.78亿

图3-40 浦发银行利润表

■ 第三章 证券模拟投资的操作指南

600000 现金流量表					季报 半年报 三季报 ☑年报 导出EXCEL
报告期日期	17-12-31	16-12-31	15-12-31	14-12-31	13-12-31
一、经营活动产生的现金流量：					
客户存款和同业存放款项净增加额(元)	82.8亿	3477亿	4423亿	3533亿	4599亿
向中央银行借款净增加额(元)	348亿	1240亿	26.4亿	204亿	4.86亿
向其他金融机构拆入资金净增加额(元)					
收取利息和手续费净增加额(元)	2314亿	1878亿	1805亿	1780亿	1448亿
收到其他与经营活动有关的现金(元)	293亿	672亿	68.9亿	164亿	215亿
经营活动现金流入小计(元)	5485亿	7267亿	8217亿	6736亿	6841亿
客户贷款及垫款净增加额(元)	4801亿	5488亿	2345亿	2711亿	2270亿
存放央行和同业款项净增加额(元)		703亿		270亿	
支付给职工以及为职工支付的现金(元)	220亿	211亿	193亿	179亿	167亿
支付的各项税费(元)	306亿	323亿	276亿	248亿	199亿
支付其他与经营活动有关的现金(元)	387亿	259亿	367亿	244亿	104亿
经营活动现金流出小计(元)	6891亿	9187亿	4629亿	4825亿	3757亿
经营活动产生的现金流量净额(元)	-1407亿	-1920亿	3588亿	1912亿	3084亿
二、投资活动产生的现金流量：					
收回投资收到的现金(元)	4.74万亿	5.16万亿	7930亿	4394亿	4371亿
取得投资收益收到的现金(元)	1.51亿	2300万	9600万	1600万	1600万
处置固定资产、无形资产和其他长期资产收回的现金净额(元)					
收到其他与投资活动有关的现金(元)	664亿	622亿	348亿	394亿	360亿
投资活动现金流入小计(元)	4.81万亿	5.22万亿	8279亿	4788亿	4731亿
投资支付的现金(元)	4.76万亿	5.28万亿	1.35万亿	8159亿	7853亿
购建固定资产、无形资产和其他长期资产支付的现金(元)	84.3亿	47.6亿	123亿	53.9亿	28.9亿
支付其他与投资活动有关的现金(元)					
投资活动现金流出小计(元)	4.77万亿	5.29万亿	1.36万亿	8213亿	7882亿
投资活动产生的现金流量净额(元)	378亿	-640亿	-5312亿	-3425亿	-3150亿
三、筹资活动产生的现金流量：					
吸收投资收到的现金(元)	149亿	6800万			5.05亿
发行债券收到的现金(元)	1.33亿	1.01亿	4342亿	1017亿	29.6亿
收到其他与筹资活动有关的现金(元)					

图 3-41 浦发银行现金流量表

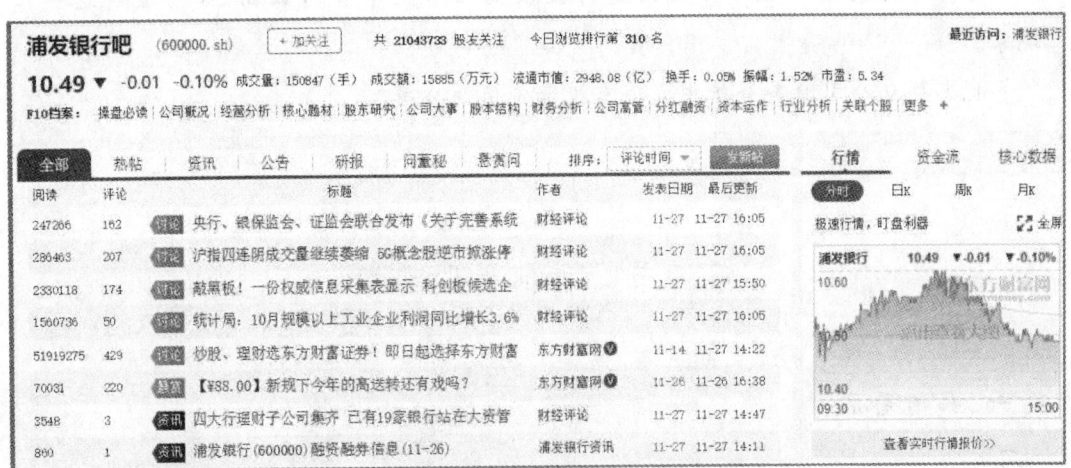

图 3-42 公司最新动态查询

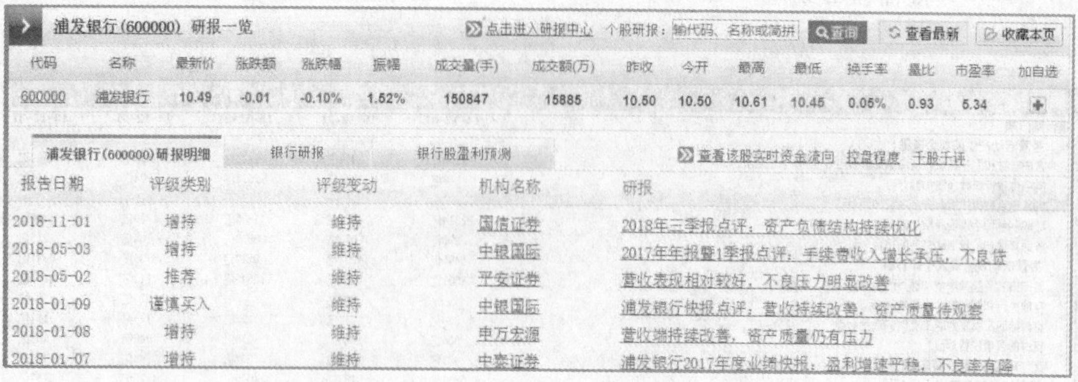

浦发银行(600000) 研报一览　　点击进入研报中心　个股研报：输代码、名称或简拼　查询　查看最新　收藏本页

代码	名称	最新价	涨跌额	涨跌幅	振幅	成交量(手)	成交额(万)	昨收	今开	最高	最低	换手率	量比	市盈率	加自选
600000	浦发银行	10.49	-0.01	-0.10%	1.52%	150847	15885	10.50	10.50	10.61	10.45	0.05%	0.93	5.34	+

浦发银行(600000)研报明细　银行研报　银行股盈利预测　　查看该股实时资金流向　控盘程度　千股千评

报告日期	评级类别	评级变动	机构名称	研报
2018-11-01	增持	维持	国信证券	2018年三季报点评：资产负债结构持续优化
2018-05-03	增持	维持	中银国际	2017年年报暨1季报点评：手续费收入增长承压，不良贷
2018-05-02	推荐	维持	平安证券	营收表现相对较好，不良压力明显改善
2018-01-09	谨慎买入	维持	中银国际	浦发银行快报点评：营收持续改善，资产质量待观察
2018-01-08	增持	维持	申万宏源	营收端持续改善，资产质量仍有压力
2018-01-07	增持	维持	中泰证券	浦发银行2017年度业绩快报：盈利增速平稳，不良率有降

图 3-43　公司研究报告查询

思考与练习

1. 选择一家你感兴趣的上市公司，搜集整理其相关财务数据，分析资产周转率、毛利率和资产权益等财务数据。

2. 选择不同行业的两家上市公司，搜集整理其相关财务数据，对比不同行业的流动比率、速动比率等财务数据的差异性。

3. 什么是动态市盈率？我国高科技板块的市盈率普遍偏高，如何理解这一现象。

4. 怎样从公司财务分析中发现有投资价值的公司？

第四节　如何看股选股

一、如何看股

投资者在进行投资前，需要做好充分准备，不可盲目的选股投资，具体来说应该做到以下几点。

第一，培养良好的信息搜集习惯，强调积累的重要性。信息收集渠道：财经类网站（新浪财经、中财网、东方财富网、两大交易所网站）、报刊、杂志（动态分析、证券市场周刊）。

第二，读懂研究报告。重点阅读：宏观报告、策略报告、行业报告、深度报告、调研报告。

第三，信息处理。我们获取的信息主要有重组、资产注入、预增、高送转等，利用信息进行投资时，需保持谨慎。对照消息出来前后股票的走势、大盘的走势进行投资，结合"趋势"，顺势而为，把握消息为最佳选择，逆势操作就要特别小心。但是，也不要一味迷信信息，更不要穷追信息来源。

第四，基本面分析。这个分析的目的在于告诉我们买什么。选股时要注意分析当前的宏观经济和产业政策，看市场环境是否有利于投资。选择某公司的股票时，还应对该公司基本面进行分析，具体包括：行业地位、财务指标、题材、财务报表是否安全、治理结构是否规范、股权结构分析。

第五，技术分析。分析的目的在于告诉我们何时买。进行技术分析时，我们需要了解一些基本的理论，具体包括：KDJ、RSI、MACD、DDX、SAR、BOLL 等技术指标的含义及运用、形态理论、量价理论、波浪理论、K 线及均线理论，学会构建交易模型并熟练使用分析软件。

我们应学会自上而下和自下而上的投资逻辑，根据宏观政策去思考微观环境中有哪些值得投资，根据生活中的小事去推断大环境下什么值得投资。但是，必要时需及时止损，投资还需谨慎。

二、条件选股

A 股市场上现在大概有 2 000 多只股票，如果要逐一地翻看挑选，需要付出很大的精力和时间。东方财富客户端具有条件选股功能，可以根据投资者的意愿在 A 股市场中选出符合条件的个股，它极大地方便了投资者的选股，使投资者的精力更加专注。下面详细讲解条件选股的使用方法。

在东方财富客户端界面下，单击"工具"/"条件选股"命令菜单，或者直接选择工具栏右上角的"条件选股"命令项，将会调出条件选股对话框（图 3-44）。注意：在进行条件选股之前需要先下载完整的 K 线图，根据系统提示进行操作。其中有五大类选股方法可供投资者进行选择，这些方法是技术指标、条件选股、交易系统、五彩 K 线和组合条件。

1. 技术指标选股

在图 3-44 界面下，单击"技术指标"后再单击上方常用图标，常用的技术指标就会出现（图 3-45）。

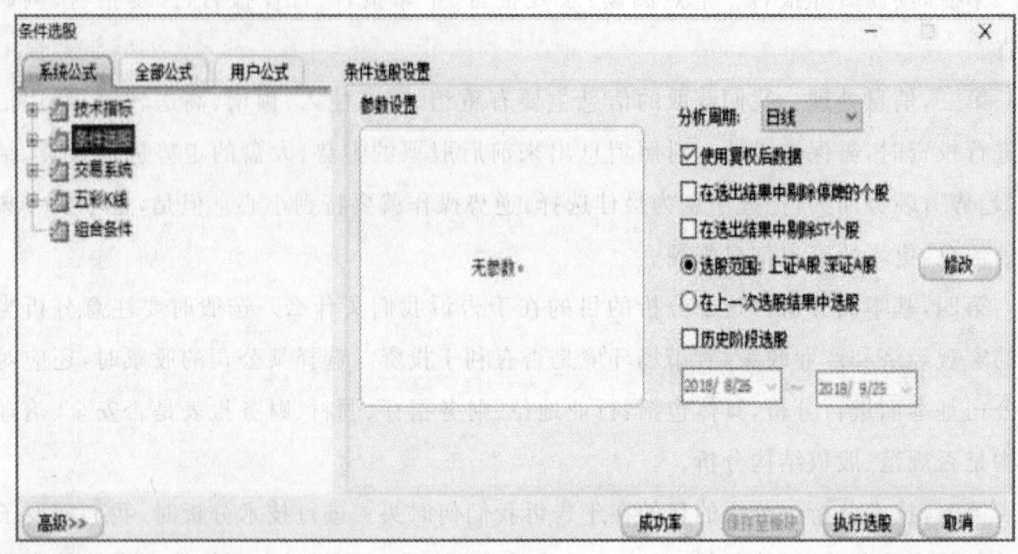

图 3-44 条件选股

在此选择单击"超买超卖型"/"KDJ 经典版",在条件选择项下选指标线 J、逻辑关系上穿、指标线 K,再单击"执行选股",在东方财富客户端界面下就会出现符合条件的股票列表,供投资者选择。总之,技术指标选股是在指标数值范围内,指标线是否向上或向下突破,可以判定股价在一定时间范围内有趋势性的改变。

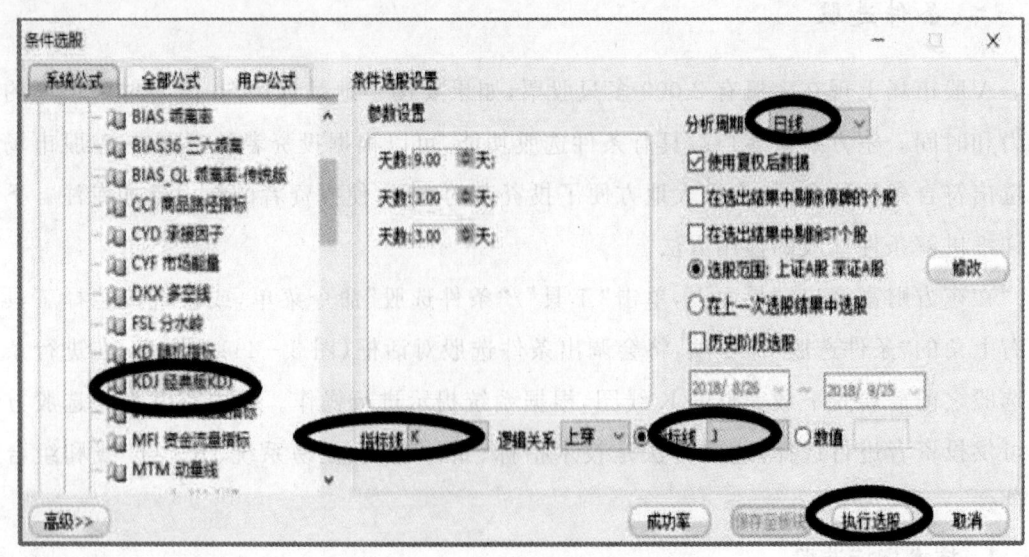

图 3-45 "条件选股"技术指标栏

2. 条件选股栏目

本栏目投资者可以自己设定选股条件,与技术选股不同的是,它不需要设定具体指标线发生某种变化(图3-46)。

在这个栏目下给出了指标条件选股、基本面条件选股、即时盘中选股、走势特征选股、形态特征选股。单击某个选项,如基本面选股,就会有展开项,包括市盈率选股、主营业务利润率选股、市净率选股和次新股选股。选中要求的项目,单击"执行选股",符合条件的股票就会进入动态显示牌中。

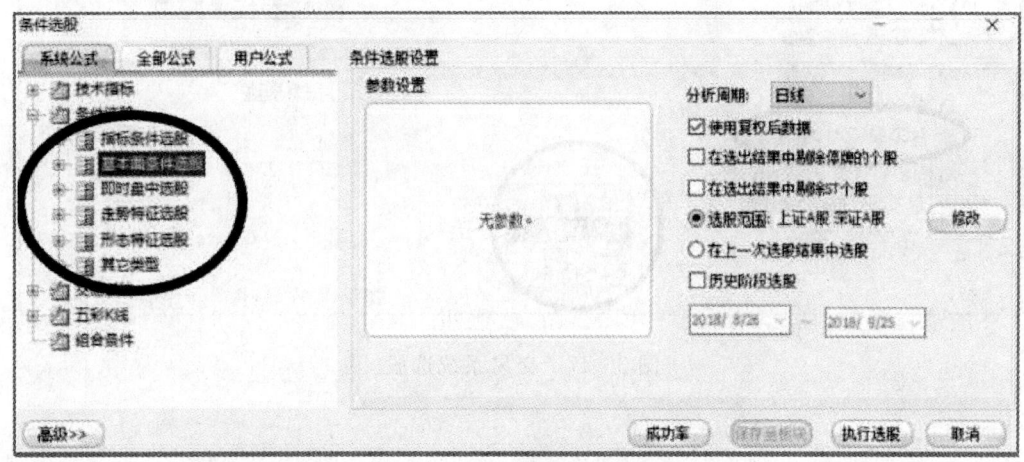

图3-46　基本面条件选股

3. 交易系统选择股票

这是一套完整的交易分析系统,它可以选择交易系统发出买入或卖出信号的股票进行交易。投资者选择了某个条件,系统就会给出买入、卖出或止损的信号。

在图3-47所示的栏目下,在左侧指标选择栏单击"MACD",在右侧的方向栏,选择买入,单击"执行选股",东方财富客户端就给出符合条件的个股列表。图3-48就是2018年9月26日在此条件下的列表。

4. 五彩K线图选股

对事先描述好的K线形态,用东方财富客户端将其找出,同时对满足条件的K线形态予以不同颜色的区别。根据K线的形态将五彩K线分为三大类,即上涨、下跌和反转。添加五彩K线:在东方财富客户端界面下K线图主图空白处鼠标右侧单击,在弹出的菜单中选择条件选股/五彩K线/选择形态/执行选股,可进入所选指标。

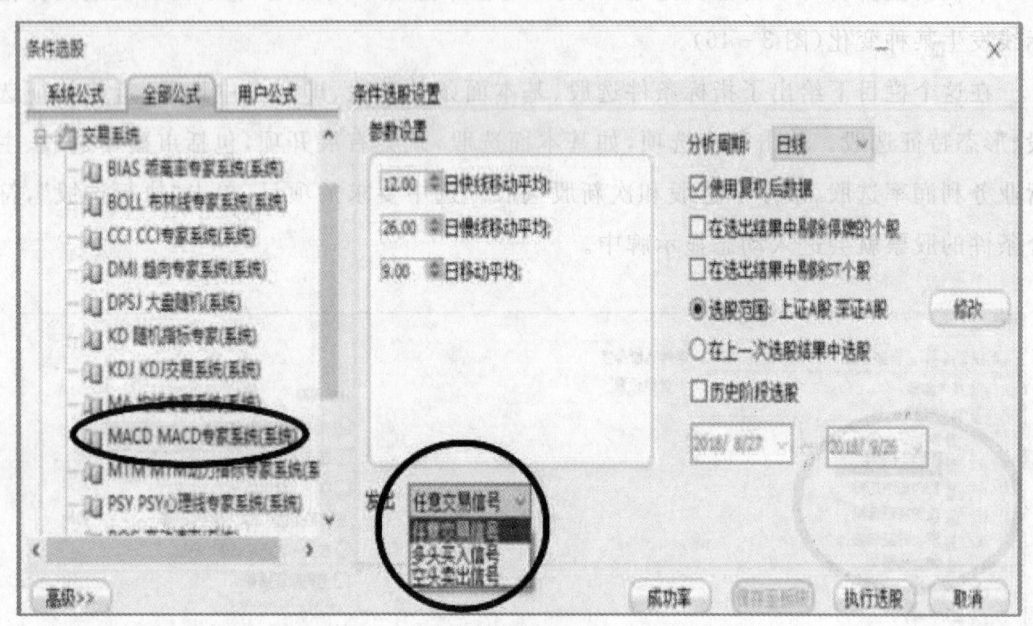

图 3-47　交易系统选股

序	代码	名称	●●	最新	涨幅%	涨跌	总手	现手	买入价	卖出价	涨速%	换手%	金额	市盈率	所属行业	最高	最低	开盘
1	600064	南京高科		7.08	1.29	0.09	3.14万	100	7.07	7.08	0.00	0.25	2212万	6.22②	房地产	7.11	6.98	6.99
2	600091	ST明科	●	3.55	0.57	0.02	6854	141	3.55	3.56	0.00	0.20	244万	-136.83②	化工行业	3.57	3.52	3.52
3	600123	兰花科创		7.24	1.12	0.08	8.87万	17	7.23	7.24	0.00	0.78	6406万	6.50②	煤炭采选	7.27	7.13	7.16
4	600211	西藏药业		30.82	0.88	0.27	4583	1	30.81	30.82	0.03	0.31	1401万	21.34②	医药制造	30.95	30.33	30.70
5	600234	ST山水	●	7.38	1.51	0.11	396	10	7.38	7.39	0.00	0.02	29.2万	-656.95②	房地产	7.46	7.31	7.42
6	600257	大湖股份		4.69	0.43	0.02	2.29万	373	4.68	4.70	-0.21	0.54	1075万	135.49②	农牧饲渔	4.72	4.65	4.65
7	600280	中央商场		4.53	1.12	0.05	31.2万	97	4.52	4.53	0.44	2.72	1.40亿	37.11②	商业百货	4.58	4.42	4.44
8	600319	亚星化学		4.60	0.44	0.02	2.91万	2	4.59	4.60	0.00	0.92	1333万	44.34②	化工行业	4.63	4.53	4.62
9	600321	*ST正源		1.77	0.57	0.01	1.22万	25	1.77	1.78	0.00	0.08	216万	139.59②	水泥建材	1.78	1.75	1.75
10	600322	天房发展	●	4.31	4.11	0.17	2.51万	5	4.31	4.32	0.00	0.23	1092万	17.03②	房地产	4.50	4.22	4.22
11	600329	中新药业		15.58	2.30	0.35	4.63万	21	15.57	15.58	0.06	0.82	7159万	19.11②	医药制造	15.68	15.19	15.26
12	600356	恒丰纸业	●	6.12	0.16	0.01	4730	1	6.12	6.13	-0.16	0.16	290万	29.44②	造纸印刷	6.15	6.08	6.11
13	600359	新农开发		4.72	0.21	0.01	1.93万	1	4.71	4.72	0.00	0.51	910万	-40.64②	农牧饲渔	4.74	4.67	4.69
14	600385	山东金泰		9.44	0.53	0.05	3306	2	9.43	9.44	0.11	0.23	313万	-131.90②	软件服务	9.54	9.35	9.35
15	600389	江山股份		21.60	0.47	0.10	1.03万	50	21.60	21.61	0.00	0.35	2205万	17.51②	农药兽药	21.62	21.30	21.42

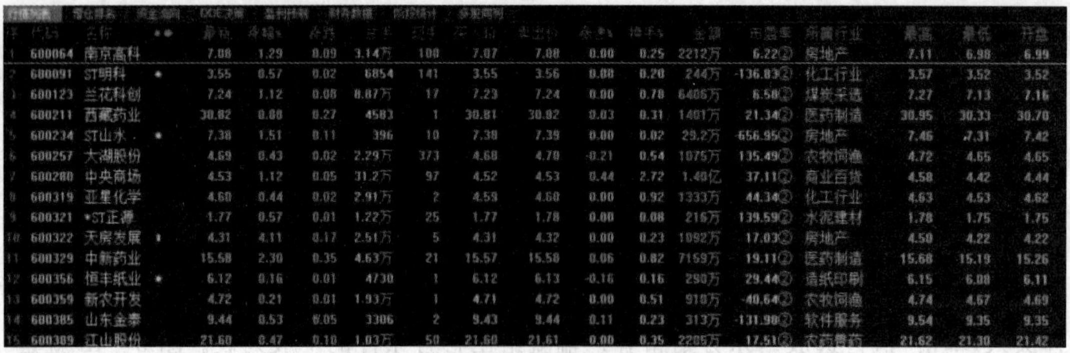

图 3-48　交易系统选择股票列表

5. 组合条件选股

东方财富客户端选股模式可以将技术指标、基本面选股、交易系统选股、五彩 K 线等条件进行组合，经过成功测试后，计算机将会给出测试结果以供分析。最后将选出的股票加入板块。

三、高级选股

在选股平台中,投资者可以选择系统提供的多种选股公式、股本指标、股东指标等进行选股,也可以用自己编写的选股条件来选股。主要操作步骤如下。

(1)在图 3-49 所示的界面"分析"一栏中,下拉选择"高级选股",或按快捷键 F7,出现如图 3-50 所示的画面。

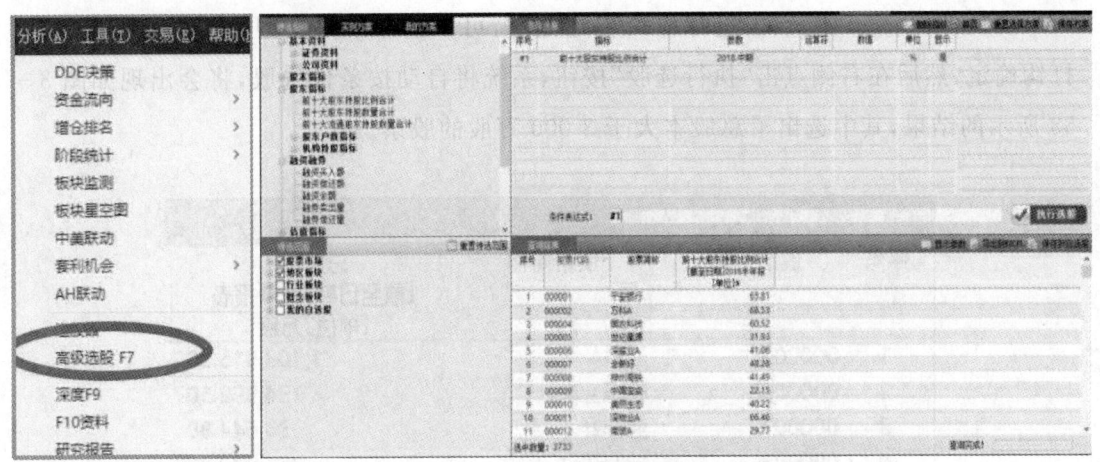

图 3-49　选股平台　　　　　　　图 3-50　高级条件筛选

(2)在左侧待选指标中,点击沪深股票指标,出现基本信息、股本指标、股东指标等待选项。以"股本指标"为例作为选股指标,选择"总股本"项,将会出现如图 3-51 所示对话框,在其中进行手动设置,这里设置为"大于 3 000 万股",然后单击确定,出现如图 3-52 所示的界面。

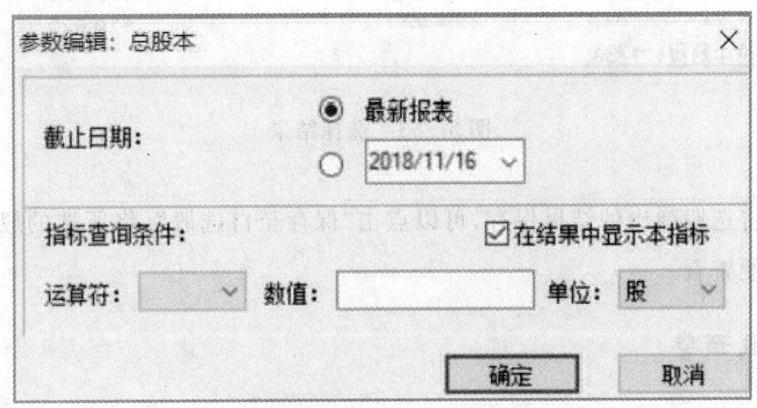

图 3-51　条件设定

序号	指标	参数	运算符	数值	单位	显示
#1	总股本	最新报表	大于	3000	万股	是

图 3-52 选股条件设定

(3)在图 3-50 中,点击选择板块待选范围,可以选择不同类型、地区、行业的股票打钩确定,然后在右侧点击"执行选股"按钮,系统将自动按条件选股,将会出现如图 3-53 所示的结果,其中选出了总股本大于 3 000 万股的股票。

序号	股票代码	股票简称	总股本 [截至日期]最新报表 [单位]万股
1	000002	万科A	1,103,915.20
2	000006	深振业A	134,999.50
3	000007	全新好	34,644.80
4	000008	神州高铁	281,832.98
5	000009	中国宝安	214,934.50
6	000011	深物业A	59,597.91
7	000014	沙河股份	20,170.52
8	000024	招商地产	257,595.08
9	000029	深深房A	101,166.00
10	000031	中粮地产	181,373.16
11	000036	华联控股	114,148.77
12	000042	中洲控股	66,483.11
13	000043	中航善达	66,696.14
14	000046	泛海控股	519,620.07

选中数量:1734

图 3-53 选择结果

如果要将选股弹出的结果保存,可以点击"保存至自选股",将所选的股票保存到相应的板块以便查看。

四、个股预警

个股预警可以根据投资者设定的条件对盘中相应的股票进行实时监控。投资者通过设置监控条件,当监控的股票达到监控条件时,个股预警会发出预警信号。

第三章 证券模拟投资的操作指南

在初次使用这个功能时,投资者需要设定监控条件。具体操作步骤如下。

(1)如图3-54所示,点击主菜单的"工具"选项,在下拉菜单中点击"预警"选项,出现如图3-55所示的界面。

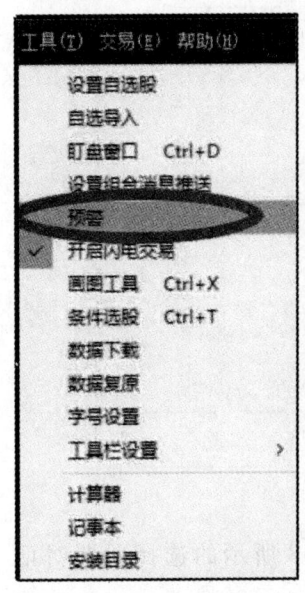

图3-54 个股预警

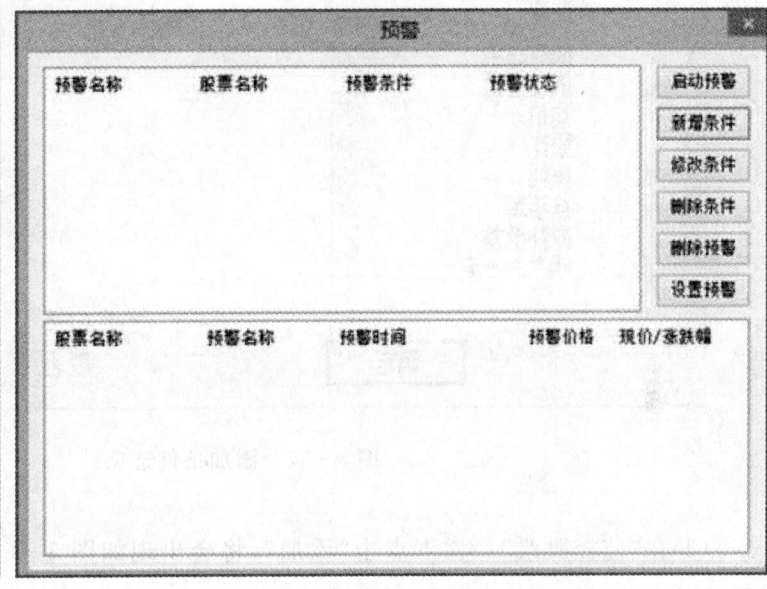

图3-55 设置预警

(2)在弹出的"预警"对话框中点击"新增条件"选项(图3-56)。单击"添加",出现预警条件选项,选择需要设定的条件,点击确定(图3-57)。

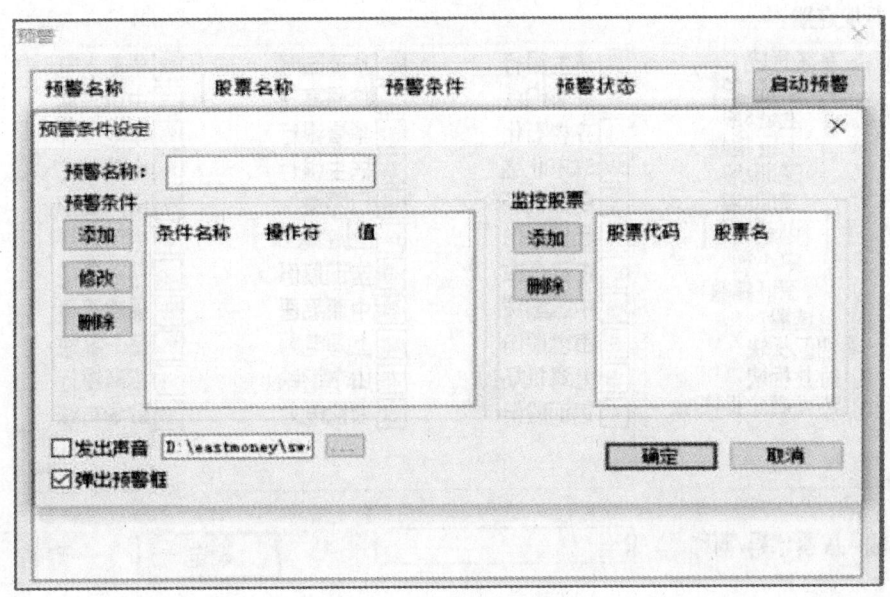

图3-56 预警-添加条件

75

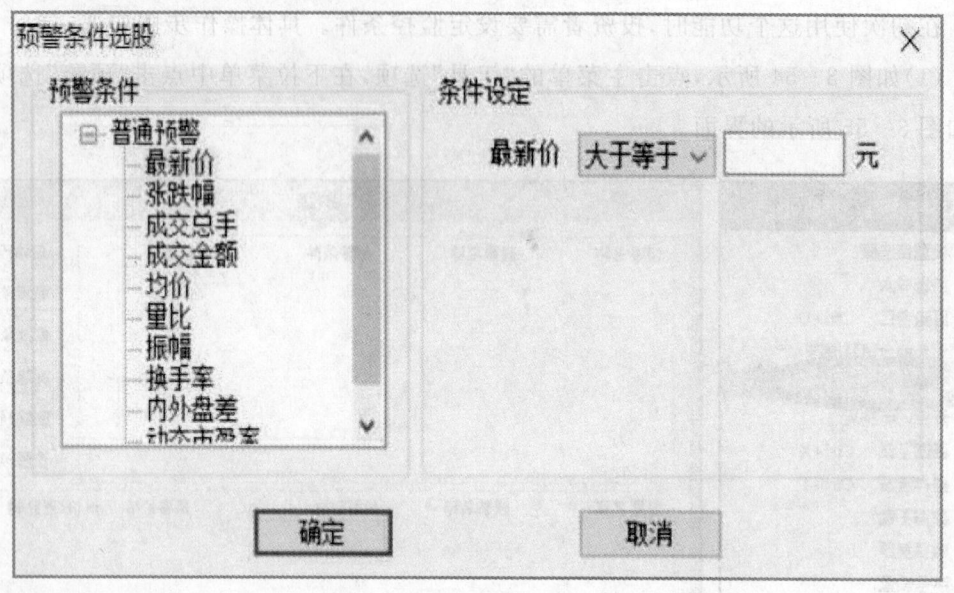

图 3-57 添加条件选项

(3)在"监控股票"一栏下点击"添加",将会出现如图 3-58 所示的选择股票对话框,在其中选择需要预警的股票名称。如果选择板块,则该板块下的所有股票都被监控。单击"删除"可以减少监控的股票。在预警名称下给需要预警的股票编辑分类信息即可。单击"确定",出现如图 3-59 所示的界面,点击"启动预警"即可。

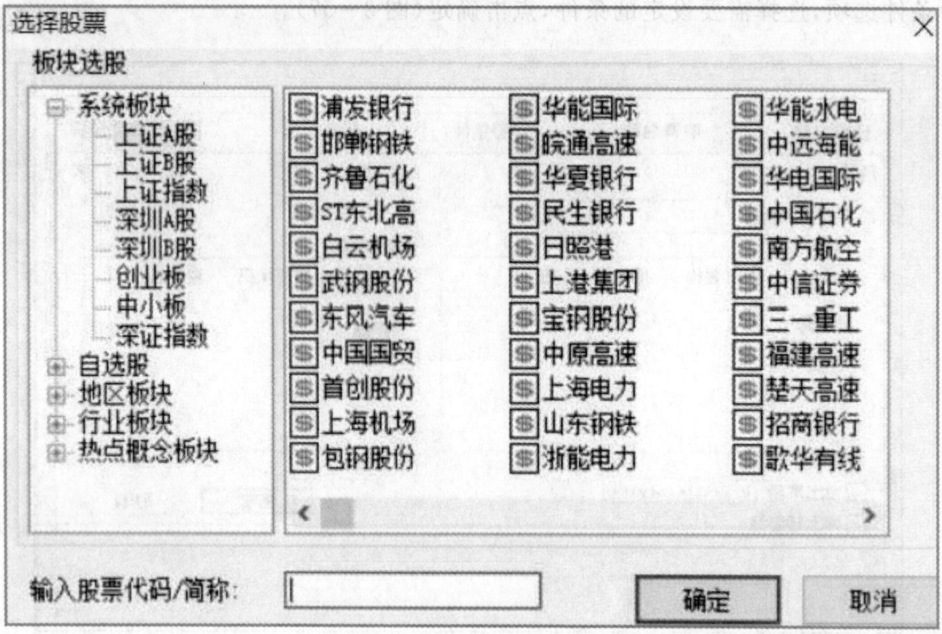

图 3-58 选择股票

第三章　证券模拟投资的操作指南

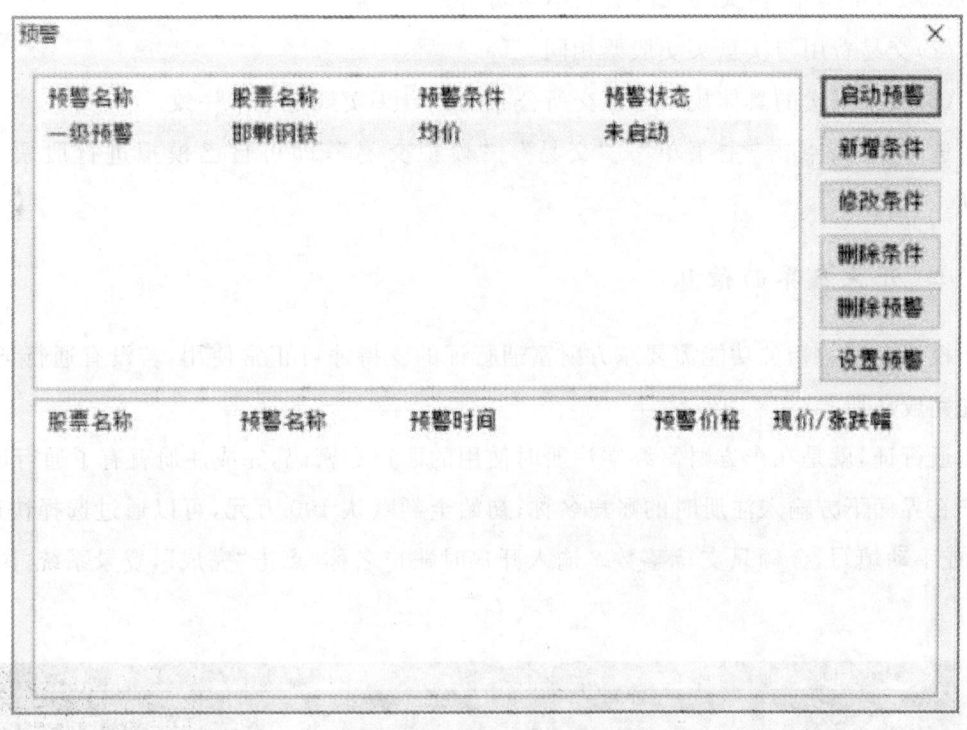

图 3-59　启动预警

(4)如果要修改预警条件,可以选中要修改的条件,然后单击"修改条件"按钮。如果不需要某个预警,可以单击"删除条件"按钮。

第五节　模拟交易

一、模拟交易细则

(1)投资者必须在学校实验室申请模拟交易账号,获得投资者名及密码。

(2)在模拟交易中,投资者每人拥有 100 万元人民币的模拟资金,可以用这些资金先进行股票委托买卖。

(3)操作时间与证交所交易时间同步。除正常的集合竞价外,为避免失真交易,交易时间为 9:31—11:30 和 13:00—15:00。

(4)参赛者不能透支、买空及卖空。

(5)买卖与成交和证交所实时情况同步。

(6) T+1操作,当天买入的股票不能卖出。

(7) 交易费用与实盘买卖股票相同。

(8) 股票买卖的具体规则与证交所公布的证券买卖规定基本一致。

进入步骤:点击"主菜单"—"交易"—"模拟交易",即可自己模拟进行股票交易活动。

二、开户及界面信息

模拟炒股的相关功能需要东方财富通行证的支持才可正常使用,若没有通行证,可以先完成注册。

通行证,就是在东方财富终端注册时使用的账户和密码,完成注册就有了通行证。

在界面下方输入注册时的账户名称,初始金额默认100万元,可以通过选择快速修改,或手动填写,金额只支持整数。输入开户时账户名称,点击"完成",登录系统(图3-60)。

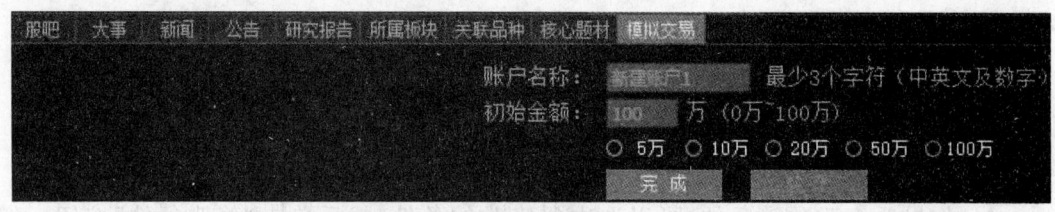

图3-60 注册开户

图3-61是进入模拟交易后的初始界面。

图3-61 界面基本信息

三、买卖股票

(1) 买入功能。点击"委托买入",系统左侧会出现买入对话框,根据对话框提出的要求输入证券代码、买入价格、买入数量。

在通常情况下,网上委托系统将会按照当前价格自动输入到买入价格一栏,投资者也可以自己确定比当前这个价格高或低的价格。在单击"买入"后,系统将委托通过证券商发往沪、深证券交易所。下面以"浦发银行"为例,输入"浦发银行"证券代码和买入数量,点击"买入",购买股票(图3-62)。

图3-62 买入股票

(2)在图3-62中点击买入后,会出现"委托确认"对话框。"委托确认"对话框内显示委托基本信息,点击"确认"后委托正式生效(图3-63)。

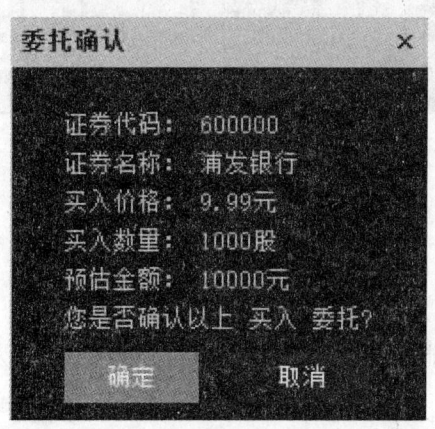

图3-63 委托确认信息

(3)挂单成功后,右侧列表自动跳转至"委托",在挂单未完全成交时,双击委托的股票,可快速撤销挂单(图3-64)。

四、委托撤单

"委托撤单"界面显示所有未成交委托的详细信息,选中某一委托后点击"撤单"按钮或双击"委托行",可对单一委托撤单。具体如图3-65、图3-66所示。

图 3-64 详细委托信息

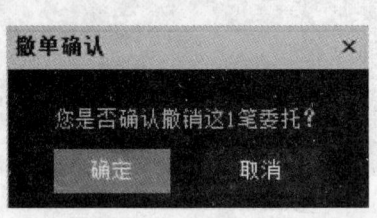

图 3-65 委托撤单

图 3-66 撤单结果

五、卖出功能

(1)买入股票当日不能卖出股票。当仓内可用数量显示为买入股票数量时,可卖出不超过买入的股票数量。点击"委托卖出",输入卖出数量即可将股票卖出(图 3-67)。

图 3-67 卖出股票

(2)点击"确认"卖出(图 3-68)。

(3)未完全成交时,显示委托状态(图 3-69)。

第三章　证券模拟投资的操作指南

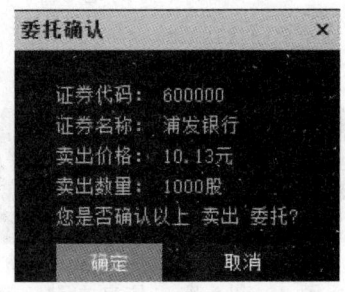

图 3-68　卖出股票

图 3-69　委托状态

(4)成交后,点击查询。查询功能提供"当日委托""当日成交""历史成交""资金流水"的查询,其中"历史成交"和"资金流水"栏目可设置查询日期(需在 30 日以内)。只有在卖出股票,实现此交易后才可以看到"历史成交"和"资金流水"的信息。选择历史成交,将日期设置为委托卖出股票的日期,点击查询(图 3-70)。

图 3-70　查询历史成交信息

(5)在图 3-71 中,可以看到该股票于 2018-07-31 日卖出,成交均价、成交数量和成交金额均有显示。

图 3-71　显示历史成交信息

81

点击"账户信息"(图 3-72),可以看到当前的总资产、总盈亏、股票市值、可用金额以及仓内股票信息。

图 3-72　账户信息查询

六、模拟实验

学生个人为投资主体,进行模拟操作,课程结束后以教学班为单位进行排名,排名依据两项指标:盈利额和成交量,为同学们确定证券投资分析的学习和实验技术的能力,按排名先后进行适当的交流。同时,为完成实验报告提供依据。

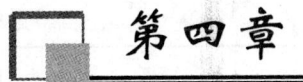

第四章

证券投资分析实验总结

学生完成实业投资风险报告,是实验课程教学最基本的要求,也是同学们对所学内容和所做实验的总结和归纳。一般情况下,都会要求学生将所学、所想、所记进行系统的归纳,运用所学的知识和方法对自己的学习情况、实验过程、学习体会等方面进行系统的整理,形成一份具有参考价值和为未来不断学习提供铺垫的材料。

第一节 实验情况汇总

学生参加证券投资分析实验,课程结束必须完成并填写如下的表格(表4-1、表4-2)。

表4-1 学生参加实验情况表

姓名		班号与学号	
所在院系		所学专业	
实验学时		估计自己所用时间	
学习时间		所在学期	
实验场所		指导老师姓名	
备注或说明			

表 4-2 实验平台与实验数据统计

主题	内容	说明
证券交易平台		
实验的证券投资分析系统名称		
模拟或实战初设资金	万元	模拟还是实战
投资期限	经历　　　天交易时间	从开户进行第一笔买卖开始到实验报告撰写时间
投资账户的最终情况	万元	
盈亏数额	万元	各个投资盈亏;总体盈亏
盈亏比例	%	计算方法介绍
对自己投资风格评价		

第二节 实验报告撰写要求格式与内容

报告摘要:

报告正文：

实验过程与学习内容：

证券投资依据和分析方法：

总结与体会：

主要参考文献

多空分析师.网上炒股做赢家——通达信实战指南[M].北京：人民邮电出版社，2015.
廖海燕.炒股软件使用指南(大智慧版)[M].广州：广州经济出版社，2015.
龙马金融研究中心.同花顺炒股软件从入门到精通[M].北京：人民邮电出版社，2011.
王朝晖，熊乐星，孙伍琴.证券投资学实验教程[M].北京：人民邮电出版社，2014.
张文云.证券投资实验教程[M].北京：中国金融出版社，2006.